堀越千代

自営の心

―日本女子教育の先駆者

岩手日報社

和洋女子大学の創設者堀越千代

千代を支えた夫の堀越修一郎

貴重な堀越千代の洋装写真

和洋女子専門学校名誉校長時代の堀越千代

和洋女子大学・和洋女子大学大学院の校舎

和洋国府台女子中学校高等学校の校舎

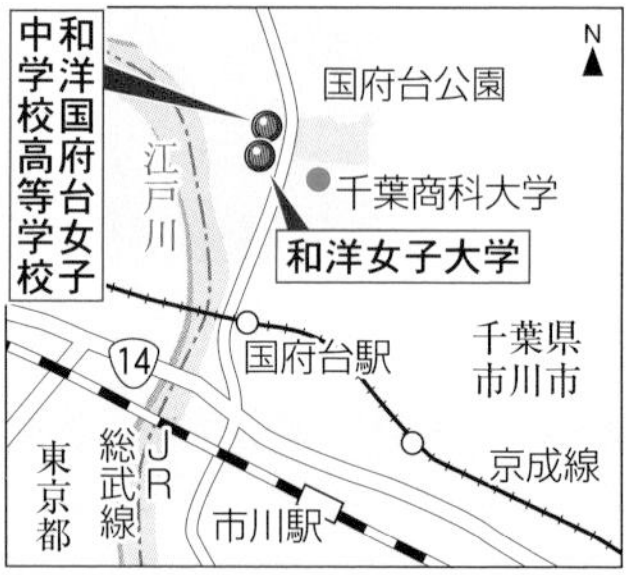

和洋九段女子中学校高等学校の校舎

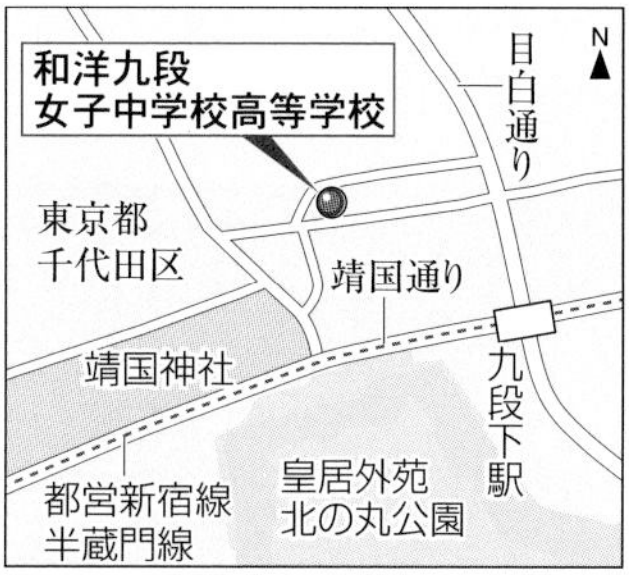

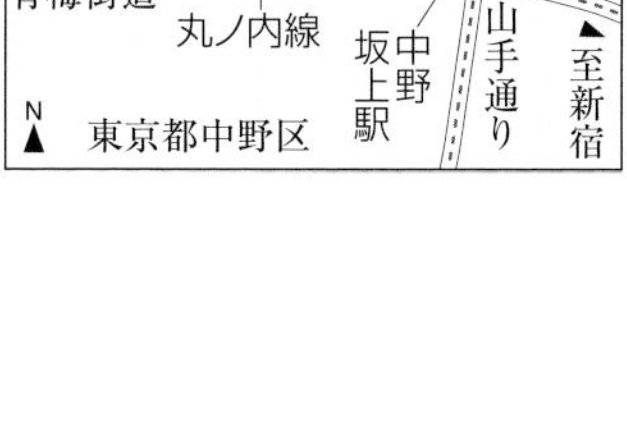

堀越高等学校の校舎

盛岡市内から望む岩手山（2038メートル）。雄々しい姿に背中を押され、幼い堀越千代は歩いて東京を目指した

目次

発刊に寄せて　学校法人和洋学園理事長　長坂健二郎……12

プロローグ

盛岡人　女子教育を拓く……21

第1章　古里盛岡

顕彰碑建立 ―生誕の地　志を未来へ……27
生い立ち ―学問が生きる希望に……31
岩手の教育 ―日本背負う偉人輩出……37
岩手の女子教育 ―県南から普及の兆し……43

第2章　学びから開学へ

出会い ―教育の道　夫が後押し……49
夫の才覚 ―雑誌通し青少年育成……53
学びの日々〈上〉―裁縫や漢文学多岐に……57
学びの日々〈下〉―先端の洋裁技術会得……61
裁縫女学院創設 ―独自性と指導評判に……65

第3章　独自教育

近代女子教育―明治30年代に花開く……71
独自教育〈上〉―時代見据え洋裁に力……75
独自教育〈下〉―教員養成に高い評価……79
学園の発展―時代の波越え大学に……83
堀越高女創設―尽きぬ教育への情熱……87

第4章　女子教育

後藤新平―学校設立の原動力に……93
新渡戸稲造―ともに女子教育尽力……97
羽ばたく卒業生―全国の教育界で活躍……101

第5章　千代からの贈り物

面影〈上〉―一見控えめ　心は強く……107
面影〈下〉―人情あふれる教育者……111
メッセージ―羽ばたく女性後押し……115

エピローグ

「女性の自立」を体現 …… 121

堀越千代を語る

特別インタビュー　浅田次郎さん　学問の志を育んだ盛岡 …… 126

特別対談　千代が現代に残したもの …… 132

谷藤裕明氏（盛岡市長）

長坂健二郎氏（学校法人和洋学園理事長）

和洋学園創設125周年に堀越千代先生を偲ぶ …… 152

和洋女子大学学長　岸田宏司

学校紹介 …… 154

「千代さん」と呼び伝える顕彰を …… 156

岩手県公立学校退職校長会会長　木村幸治

堀越千代　論説講話 ―同窓会誌「むら竹」より― …… 158

あとがき …… 212

参考文献 …… 214

発刊に寄せて

学校法人和洋学園理事長　長坂健二郎

和洋学園は２０２２年９月27日に創立１２５周年を迎える。我が和洋女子大学は明治30年、現在の東京・九段の地に創設された「和洋裁縫女学院」が源で、「和洋」の名前はここに由来する。

創設者、盛岡市出身の堀越千代先生は、日本の近代化のため女子教育に生涯をささげる決意を固めるや、道なき道を一直線に走り始め、今の学園の礎を築かれた。その事跡や遺稿などに触れると、誰もがその燃えたぎるような情熱に心を打たれる。

女子教育の一翼を担ってきた本学園が、特にも力を注いだのは「女性の自立」である。千代先生は、女性の人間的自立を教育の中心に据え、そのためには経済的自立が必要だと考え、和裁・洋裁などの実学教育に重点を置かれた。その教えを継いで、学生には卒業までに実用的な資格を取得するよう強く勧めている。男女平等の先進国といわれる米国でも、女性の社会進出の過程で大きな役割を果たしたのが「資格」であった。世の中がどのように変わろうとも、資格を持っている限り、安定した人生を送ることができる。

首都圏でも、これから本格的な少子化の波が襲ってくるものと思われる。当然、バブル期に膨張した大学、高校・中学は淘汰《とうた》され、最後に残るのは社会が必要とする教育機関だけになるだろう。

現在の学校教育、特に大学教育に対しては社会から大きな不満の声が聞かれる。それは大学入試に集約される。今やコンピューターが発達し簡単に検索できる環境になったにもかかわらず、知識と記憶中心の試験問題が依然として横行していることや、必ずしも実用に結びつかない英語のテストが行われているとの指摘もある。大学入試改革の必要性が声高に叫ばれているにもかかわらず、いざ改革となると、問題点が山のように指摘され、結局現状維持が続く。

そこで、我が学園は高校と大学を連結させた7年制のコースをつくり、大学入試のない新しい人間教育中心の教育を試みている。幸い、文科省も背中を押してくださり、7年制コースの第1期生が2022年春、高校3年に進学する。

第2次大戦後、我が国には男女共学が導入され、多くの女子校が共学に変わった。本学園は教育にも多様性が必要かつ有益であり、大学はもとより、中学・高校と女子校の特色を生かした教育に特化したいと考えている。

建学125周年を迎えるに当たり、和洋学園は今後も千代先生の精神を受け継ぎ、社会で活躍できる自立した女性の育成に尽力したいと心を新たにしている。

	堀越千代をめぐる動き	国内外の動き
1847（弘化4）年	堀越修一郎、仙台藩士堀越市太夫の次男として生まれる	盛岡藩で三閉伊一揆起こる
1853（嘉永6）年		浦賀にペリー来航
1859（安政6）年	堀越千代、盛岡上田組町で盛岡藩士村野儀兵衛の一男四女の末子として生まれる（8月15日）	
明治初め	盛岡から単身上京	
1870（明治3）年　11歳		フェリス女学院（現フェリス女学院大学）創立
1871（明治4）年　12歳	修一郎上京	
1872（明治5）年　13歳		官立女学校開設 学制公布
1873（明治6）年　14歳	修一郎、埼玉・深谷小学校で教壇に立つ	
1875（明治8）年　16歳		東京女子師範学校（現お茶の水女子大学）開校 跡見女学校（跡見花蹊、現跡見学園女子大学）開設
1877（明治10）年　18歳	修一郎と結婚 修一郎のもと、漢文学を修める	西南戦争 青少年対象の投稿雑誌「頴才新誌」創刊
1879（明治12）年　20歳		仙台に松操私塾（朴澤三代治、現仙台大学）開校
1880（明治13）年　21歳	東京・牛込区の東宣園の園主広瀬青邨に漢文学を師事（～1884年）	教育令公布

1881（明治14）年　22歳	修一郎、「穎才新誌」主幹（〜1899年）	和洋裁縫伝習所（渡邉辰五郎、現東京家政大学）開設
1882（明治15）年　23歳		岩手・一関に大原裁縫学校（冨永シゲヨ）開校
1884（明治17）年　25歳	東京・神田区の男女洋服裁縫学校で井上慶二郎に英米式洋服裁縫を学ぶ（〜1887年）	
1886（明治19）年　27歳		共立女子職業学校（鳩山春子ほか、現共立女子大学）開校
1887（明治20）年　28歳	東京・麹町区の岡田起作に習字を師事（〜1891年） 男女洋服裁縫学校を卒業し、教員となる（半年） 東京・日本橋区の越後屋呉服店（現三越）洋服部でホフマンにフランス式洋服裁縫を学ぶ（〜1889年）	
1888（明治21）年　29歳	横浜の「ローマン商会」（独）で男子服裁縫を習う	
1891（明治24）年　32歳	東京・日本橋区の英華学舎で数学と国文学を修める（〜1894年）	
1892（明治25）年　33歳	東京・芝区の大宮秀二郎に和服裁縫を習う（〜1896年）	
1894（明治27）年　35歳		日清戦争（〜1895年）
1896（明治29）年　37歳		三陸大津波（6月15日）
1897（明治30）年　38歳	東京・神田区の小笠原教場で小笠原礼法を学ぶ（〜1901年） 東京・麹町区飯田町に和洋女子大学の前身となる和洋裁縫女学院創設	

1899（明治32）年	40歳		実践女学校（下田歌子、現実践女子大学）開校 高等女学校令、私立学校令、実業学校令公布
1900（明治33）年	41歳		女子英学塾（津田梅子、現津田塾大学）開設 東京女医学校（吉岡彌生、現東京女子医科大学）開校
1901（明治34）年	42歳	9月27日、和洋裁縫女学校と改称	日本女子大学校（成瀬仁蔵、現日本女子大学）開設
1903（明治36）年	44歳		私立女子商業学校（嘉悦孝、現嘉悦大学）開校 仙台に東北女子職業学校（三島よし、現東北生活文化大学）開校 専門学校令公布
1904（明治37）年	45歳		日露戦争（～1905年）
1908（明治41）年	49歳		裁縫・手芸の家塾（大妻コタカ、現大妻女子大学）開設
1909（明治42）年	50歳	裁縫教員養成科卒業生に裁縫科中等教員受験資格が認定される	
1912（明治45）年	53歳	高等教員養成科卒業生に無試験で裁縫科中等教員の免許状が与えられる 裁縫科に対し文部省所管第六臨時教員養成所の官費生の教育を委託される（～1928年）	
1912（大正元）年		文部大臣から金150円授与（教育功労）	
1918（大正7）年	59歳	3月31日、修一郎死去。行年71	原敬内閣発足 新渡戸稲造、東京女子大学初代学長に就任

1920（大正9）年	61歳		後藤新平、東京市長に就任
1922（大正11）年	63歳	東京市教育会から表彰。置き時計1個授与（教育功労） 学制頒布50年記念式で東京市教育会から表彰	後藤新平、東京市教育会会長に就任
1923（大正12）年	64歳	東京・豊多摩郡中野町に堀越高校の前身となる堀越高等女学校創設	関東大震災（9月1日）
1926（大正15）年	67歳	勲六等瑞宝章受章（教育功労）	
1927（昭和2）年	68歳	堀越高等女学校内に堀越家政女学校新設	
1928（昭和3）年	69歳	和洋裁縫女学校の高等師範科を改組し、和洋女子専門学校となる	新渡戸稲造、女子経済専門学校（現新渡戸文化学園）初代校長に就任
1931（昭和6）年	72歳		新渡戸稲造、女子経済専門学校附属高等女学校校長に就任
1935（昭和10）年	76歳	和洋女子専門学校と和洋裁縫女学校の名誉校長となる	
1936（昭和11）年	77歳	和洋裁縫女学校を和洋女子学院と改称	
1944（昭和19）年	85歳	堀越高等女学校の名誉校長となる	
1945（昭和20）年	86歳	3月10日の東京大空襲で九段校舎1棟を残し全焼。千代の中野の邸宅も焼失し、九段校舎内に移り住む	太平洋戦争終結
1946（昭和21）年	87歳	和洋女子専門学校を千葉県市川市国府台に移転	日本国憲法公布
1947（昭和22）年	88歳		教育基本法、学校教育法公布 福島・郡山に郡山女子専門学院（関口富左、現郡山女子大学）開設
1948（昭和23）年	89歳	4月4日、千代永眠。享年90	
1949（昭和24）年		和洋女子専門学校が和洋女子大学に昇格	

本書は2021年1月～6月、岩手日報で全22回にわたり連載した「自営の心　和洋女子大の祖　堀越千代」を基に、新たな史料や寄稿等を追加して構成しています。プロローグからエピローグまでの文中の年齢・肩書き等は新聞連載当時のものです。（本書の引用文は原文のまま掲載しています）

プロローグ

1928（昭和３）年ごろ、東京・東中野の堀越千代の自宅で開かれた女子校長会。
前列左から嘉悦孝、鳩山春子、堀越千代、吉岡彌生、後列左が大妻コタカ

盛岡人　女子教育を拓く

ここに日本女子教育のあけぼのを映し出す一枚の写真がある。

明治時代の女子教育界を代表する学校長の面々。大妻技芸学校（現大妻女子大学）の大妻コタカ、共立女子職業学校（現共立女子大学）の鳩山春子、東京女子医学専門学校（現東京女子医科大学）の吉岡彌生、日本女子商業学校（現嘉悦《かえつ》大学）の嘉悦孝。そして、その中心には和洋女子大学を創設した堀越千代（１８５９～１９４８年）。きゃしゃながらも、りんとした容姿はいかにも「明治の女性」だ。

堀越千代は盛岡市出身。１８５９（安政６）年、激動の幕末期に盛岡藩士の一男四女の末子として生まれた。決して裕福な家ではなかったが、利発な子で、幼少時から人一倍学ぶことが好きだった。「女子に学問は不要」と言われた時代。それでも学びに希望を抱き、明治維新後上京する。

東京では人生を変える出会いがあった。後に堀越高校の校祖となる夫堀越修一郎だ。仙台藩士の家に生まれた修一郎は藩校の恩師で岩手・一関ゆかりの漢学者大槻磐渓《ばんけい》を慕って上京。縁あって千代と結ばれた。戊辰《ぼしん》戦争で賊軍とされた士族の血を持つ2人。盛岡、仙台と生まれは違っても、その反骨心は通じるものがあったのだろう。修一郎の理解と支えは、千代が羽ばたく上で大きな力となる。

明治維新以降、急速に近代化が進んだ日本。諸制度が変わり、女性を取り巻く教育環境も変わった。学問不要論は一転、女子教育の重要性がうたわれるようになった。時代のエネルギーとともに千代は1897（明治30）年、東京・麹町《こうじまち》区飯田町（現千代田区富士見）に和洋女子大学の前身となる「和洋裁縫女学院」を開設する。

この時、千代37歳。目指したものは「女性の自立」だった。手に職を持ち自立して生きていく近代的な女性の育成に加え、教育者の養成にも力を注いだ。当時、数少ない女性の職業の一つだった家庭科教員の育成は社会の要請に応えるものだった。

「将来必ず洋服の時代が来る」。千代はこの先を見据え、和裁とともに洋裁を教授した。明治30年代、女学校の設立が相次ぐ中、洋裁を初めて学校教育に取り入れた学園として名を広めていく。

教育への情熱は後年まで冷めることはなかった。1923（大正12）年、東京・豊多摩郡中野町（現中野区）に堀越高校の前身となる「堀越高等女学校」を創設。さらに1927（昭和2）年、「堀越家政女学校」を開く。まさに女子教育の向上に尽くした生涯だった。

学制改革とともに「大学」となり、現在千葉県市川市にある和洋女子大学は２０２２年、創立１２５周年を迎える。この間、財政難や関東大震災、戦災など数々の難局を乗り越え、日本女子教育の一翼を担ってきた。時代にかなう、自立した女性を養成する教育理念は今も変わらない。

「身に着る衣　裁ち縫ひの　わざ（技）をおさめて行く末に　自営の力　養はん　これ我が校の　めあて（目当て）なり」

裁縫を修めて「女性の自営」、今の言葉で言えば「女性の自立」を図る。草創期の校歌には、千代が掲げた理念がはっきりとうたわれている。実学教育を重視し、近代の女子教育をリードした堀越千代。大学の節目に歩みを振り返る。

和洋女子大学に設けられた堀越千代のレリーフ

第1章

古里盛岡

正覚寺境内に立つ堀越千代の顕彰碑。
建立実現に感慨を深める菊池房江さんと木村幸治さん＝盛岡市上田

顕彰碑建立

――生誕の地　志を未来へ――

２０１６年8月、和洋女子大学（千葉県市川市）の創設者堀越千代の顕彰碑が古里盛岡に建立された。日本の女子教育を切り拓いた千代だが、若くして岩手を離れたため「郷土の偉人」としてあまり知られていない。

１８９７（明治30）年、37歳で和洋女子大学の前身となる「和洋裁縫女学院」を創設。１９２６（大正15）年には教育に功ありとして勲六等瑞宝章を受章。「生誕の地」と記された碑は、千代の功績を今に伝える。

大学を運営する学校法人和洋学園の長坂健二郎理事長（85）は「井戸を掘った人を大切にしていくことが我々の役目。地元で千代先生の遺徳をたどるよすがにしてほしい」と願いを込める。

千代は１８５９（安政６）年8月、盛岡藩の同心村野儀兵衛、仲夫妻の娘として上田組町（現盛岡市上田）に生まれた。一男四女の末子。黒船来航や安政の大地震が続いた内憂外患の時代だった。

当時、足軽屋敷が立ち並んでいた上田組町は浅田次郎さんの小説「壬生義士伝《みぶぎしでん》」の舞台となったまち。一本通りを東裏へ行くと、１６２６（寛永３）年開山の古刹正覚寺《こさつしょうがくじ》がある。盛岡藩を脱藩して新選組隊士になった、物語の主人公吉村貫一郎が妻しづと出会った場所だ。

ここに千代の顕彰碑が立つ。２０２２年１２５周年を迎える和洋女子大学の記念事業として建立が実現。同窓生の発案で、正覚寺や原敬記念館元館長の木村幸治さん（80）ら地元の協力もあった。

名峰「岩手山」をかたどった碑には肖像とともに、「女性の自立」の文言が刻まれている。千代が目指し、今も大学に受け継がれている建学の精神だ。下級武士の家に生まれ、父を早くに亡くし姉のもとで育った幼少時代。その実体験から生まれた痛切な「願い」だったのかもしれない。

石碑からはちょうど岩手山が望める。夢をも抱かせる盛岡人の心の風景、岩手山。「ふるさとの山はありがたきかな」。石川啄木は遠く離れた都会から、少年時代に親しんだ古里の象徴を思い歌にしている。

幼心に焼きついた名峰は、東京で暮らす千代にとっても原風景として在り続けた。揺るぎない信念を持ち黙々と、いかなる苦境に立ってもくじけなかった。岩手山の雄姿が支えとなり、「ありがたき」存在としてあったからに違いない。

顕彰碑の除幕式には、全国の同窓生ら約１００人が集まった。むら竹会和洋女子大学同窓会の髙梨禮子会長（76）は「ようやく生まれ故郷に帰っていただいた」と穏やかな表情を浮かべた。

ふと碑の前を、ひらひらと黄色のアゲハチョウが横切った。『千代先生の魂がお戻りになられた』と歓声が上がったんです」。幸運や魂を運ぶとされるチョウ。同会の菊池房江岩手県支部長（70）は、式典での不思議な出来事を振り返る。

千代が東京へ出立してから古里に触れた記述は残されていない。約１５０年ぶりの〝里帰り〟だった。

【むら竹会和洋女子大学同窓会】……親睦を目的に卒業生（正会員）と在学生（準会員）で構成する。２０２２年1月時点の会員は6万２９５４人。大学内の本部同窓会を起点とし、各都道府県に支部同窓会がある。会の名称「むら竹会」は学校創立当時、校舎の中庭に植えられた「ひとむら竹」に由来する。竹が年々繁茂するさまを学園の発展に重ね、未来を託したとされる。

明治時代の上田組町通りの様子。左側屋敷に名物のグミの木が見られる
（「図説盛岡四百年　上巻」より）

現在の盛岡市上田地区。北へ延びる上田通りはそのままに残る

生い立ち――学問が生きる希望に――

「南部の武士ならば、みごと石ば割って咲げ」

浅田次郎さんの小説「壬生義士伝《みぶぎしでん》」の主人公、幕末の盛岡藩士吉村貫一郎が子弟たちに向けた言葉だ。樹齢３５０年超、巨石を割り花を咲かせる岩手の名桜「石割桜」。そのたくましさ、辛抱強さを盛岡藩士に重ね合わせ願いを込めたのだろう。

後に和洋女子大学の創設者として花開いた堀越千代も盛岡藩士族の子。自らの手で道を切り拓き、日本女子教育の礎を築いた千代の中にも、南部の武士魂が息づいていたのではないだろうか。

江戸時代、盛岡藩は城下出入り口の街道沿いに足軽・同心組と呼ばれる下級武士を配置していた。千代が育った上田組町（現盛岡市上田）もその一つで、城下町盛岡の北の関門だった。

田んぼの中の一本道。その街道をはさんで、かやぶき屋根の足軽屋敷が並んでいた。どの家にもグミの木が植えられ、「上田ぐみ町」とも呼ばれた。幼い千代にはちょうどいいおやつだった。

「壬生義士伝」の貫一郎も上田組町で生まれ育った足軽という設定。貫一郎は家族を養うために脱藩するが、それだけ下級武士の生活は苦しかった。

士族の中には藩からの俸禄《ほうろく》だけでは生活ができず、げたの表に貼る竹皮で編んだ「南部表」や布織りなど、内職をしてやりくりする家も多かった。

千代は父親を早くに亡くしている。母親の記述は見当たらない。一家の家計はぎりぎりだった。行く末も不安の中にあったが、千代は兄の背中越しに見ていた漢学が忘れられなかった。

家が貧しく寺子屋に通えない子どももたくさんいた。まして女子はそうだ。しかし、千代を支えた姉はその非凡さを見抜いていたのだろう。千代は近くの寺子屋に通うことができた。

寺子屋は「読み、書き、そろばん」を習得する場。女子は裁縫の手ほどきも受けた。千代は学問から多くの刺激を受け夢中になった。家に帰ると「女性に学問は無用有害だ」という兄を振り切り、部屋にこもって一心に勉強することもあった。

学ぶことが「生きる希望」だったのだろう。明治維新後、時代の波に突き動かされるように東京を目指す。千代9歳。今ならば、まだ親元で学校に通っている年頃だ。

「武士上位」の身分制度が崩れ、失業した藩士たちが必死に新しい職業を探す姿を間近で見ていたに違いない。千代は「生きる道」を求めた。学問への揺るぎない志を持ちながら。

　女子の身で盛岡から東京までの道のりは難儀だった。鉄道もない時代。原敬記念館元館長の木村幸治さん（80）は当時の時代背景からこう読み解く。

「千代は気立てが良かったのだろう。江戸の商人に連れて行かれたか、学問をもって一旗揚げようと都を目指した人たちの仲間について行ったのではないか」

　史実を調べたが、出立後から結婚する18歳までの間は空白だ。一部には16歳で上京したとの説もある。

　千代が郷里を離れた後、一家は呉服町（現中ノ橋通1丁目、肴町）に居を移したようだ。当時、盛岡の金融、商業、出版の中心だったまち。職を求めて転居する一家も少なくなかった。

堀越千代の顕彰碑がある盛岡市上田の正覚寺

盛岡藩校「作人館」の跡地。
現在は日影門緑地として整備されている＝盛岡市中央通

岩手の教育

――日本背負う偉人輩出――

堀越千代が盛岡で過ごした幼少の頃、現代のような学校教育制度はなかった。当時の教育は武家の子が「藩校」、下級武士や庶民の子は「寺子屋」などで学んだ。そのほか、分校のような郷校、漢学や国学、洋学など学者が開いた私塾もいくつかあった。

江戸末期、盛岡城下には藩校「作人館」と「日新堂」が設けられた。作人館は後に内閣総理大臣となる原敬や世界的物理学者の田中舘愛橘《あいきつ》、北海道大初代総長を務めた佐藤昌介ら、多くの先人を輩出している。

一方、身分や男女を問わない寺子屋は当時二十余あったと記録されている。入門年齢や就学年数は不定。およそ7、8歳から入門し、7年ぐらい学ぶ子が多かったようだ。

僧侶や下級武士、庶民も師匠となり、日常生活に必要な「読み、書き、そろばん」を教えた。はじめに文字を覚えるため習字を学ばせ、「往来物」と呼ばれる初等教科書を読ませた。さらに望む子には漢籍の素読をさせることもあった。

封建社会では、女子は学業を修める必要はないとされていた。多くは家庭で教育を受けるのみ。武家や商家に奉公することは、家事や行儀の見習いという意味合いを持っていた。

その風潮は寺子屋が世に浸透するにつれ、少しずつ変わっていく。千代が学ぶ年頃には、寺子屋に通う女子が徐々に見受けられるようになっていた。

千代が育った上田地区にも寺子屋があった。藩士赤沢林治が始めた「日新塾」、もう一つは藩士一方井安旦が開いた「一方井塾」だ。日新塾の師匠赤沢は、後に裁縫を課目に加えた「常盤女学校」を開いており、女子教育に熱心だったようだ。

当時の日本の学ぶ風景を物語るエピソードがある。「寺子屋で子どもたちは『お手本』をもとに、練習帳の『草紙』が真っ黒になるまで何度も書き、文字を覚えていった」(「図説教育の歴史」より)

一心不乱に取り組む姿。きっと千代もそうだったのだろう。兄の背中越しに見ていた漢学。千代は初歩の学習を終えると、望んで漢籍の手ほどきを受けた。そんな光景が目に浮かぶ。

その頃、盛岡藩は戊辰《ぼしん》戦争(1868~1869年)で幕府側に付いて敗れ、賊軍の汚名を受ける。朝敵となった盛岡藩は無念を晴らすため、次代を担う青少年の育成に力を注ぐ。

旧藩士たちは子息に期待をかけた。彼らに戊辰戦争で負けた悔しさを繰り返し語った。藩校では「これからは江戸に出て学問で敵を討て」と教えた。

明治維新後、多くの若者たちは恩師や親戚を頼って東京に遊学する。その中から原敬や世界的思想家の新渡戸稲造といった日本を代表する偉人が生まれている。原15歳、新渡戸９歳。青雲の志に燃えていた。

同じ頃、９歳の千代も郷里を後にしている。学びに希望を抱き、東京へと向かった。周囲から勧めがあったのか。心動かす書物にでも出合ったのか。

「今に見ていろ」。当時、盛岡藩の子弟にはそういう一つの気概のようなものがあったのだろう。

【原敬】……………（はら・たかし、１８５６〜１９２１年）　盛岡市出身。逓信大臣、内務大臣を経て１９１４年立憲政友会総裁。１９１８年に平民として初めて内閣総理大臣に。藩閥政治から脱却して本格的な政党内閣を樹立し、日本の民主政治の根幹を築いた。

【田中舘愛橘】……（たなかだて・あいきつ、１８５６〜１９５２年）　二戸市出身。東京大理学部卒。欧州留学後、帝国大理科大学教授。重力、地磁気、測地学、度量衡などの学問の基礎を築いたほか、ローマ字の普及などに尽力した。

【佐藤昌介】………（さとう・しょうすけ、１８５６〜１９３９年）　花巻市出身。母校の札幌農学校の北海道帝国大（現北海道大）昇格に尽力。同大初代総長を務めた。１８９９年には日本初の農学博士号を取得し、「日本農業の父」とも称される。

【新渡戸稲造】……（にとべ・いなぞう、１８６２〜１９３３年）　盛岡市出身。札幌農学校を卒業し、米国などに留学。帰国後は母校や東京帝国大の教壇に立つ。第一高等学校長、東京女子大学長などを歴任。国際連盟事務次長も務めた。著書に「武士道」。

「作人館」の扁額（へんがく）。
盛岡市の有形文化財に指定されている

江戸時代半ば、書家芝田湛水が盛岡城下の久昌寺に開いた寺子屋手習の図

岩手の女子教育
――県南から普及の兆し――

堀越千代が生まれた江戸後期の日本の識字率は世界でも最高水準だったといわれる。しかし、歴然と男女格差があった。女性には家庭での妻や母としての役割が求められ、学問は不要と考えられていた。

寺子屋で学ぶ女子が増えた幕末でも、女子の就学は10人に１人程度。女子教育に対する理解が低い時代にあって、下級武士の家に生まれた千代が教養を身につけることは大変なことだった。

同じ頃、盛岡藩士の子として生まれ、女子教育に生涯をささげた女性がいる。「韓国女子教育の母」と呼ばれる岩手県花巻市石鳥谷町出身の淵澤能恵《のえ》（１８５０～１９３６年）だ。

能恵は千代の９歳上。東京の女学校教師などを経て55歳で韓国に渡り、明新《ミョンシン》女学校（現淑明《スンミョン》女子中高）の設立に尽力する。

冨永シゲヨ（個人蔵）

淵澤能恵

幼少期、彼女も才を持った勉強好きな子だった。

9歳で寺子屋に通い、その後、商家奉公の傍ら近隣の家で漢文を習う。能恵は働かず、本ばかり読んでいたとの逸話もある。そんな光景が千代の姿に重なる。

明治維新により文明開化の時代が訪れる。1872（明治5）年に公布された「学制」は国民皆学を目指すもの。

「一般ノ女子男子ト均シク教育ヲ被ラシムヘキ事」

文部省はこう掲げた。寺子屋は廃止となり、全国に小学校が開設され、近代的な学校教育が始まった。

女子教育への意識は幾分高まりつつあったが、就学はなかなか進まなかった。欧米をモデルにした教育内容が庶民になじまなかったからだ。

そこで国は女子教育の振興策をとる。1879（明治12）年の「教育令」以降、小学校に女子を対象とする「裁縫科」の設置を進めた。国民が求める実用教科の裁縫を加えることで、女子生徒を学校に引きつけた。

国の教育政策の流れとともに、民間でも学齢外の子女に裁縫や礼法を教える学校開設の動きが現れる。

本県の女子教育の普及は県南地域が早かった。

1882（明治15）年、冨永シゲヨが大原村（現岩手県一関市大東町大原）に「大原裁縫学校」を創設。１８８６年には「知新学校」、１８８７年「私立裁縫学校」、１８９０年「私立修操学校」と、相次いで学校が開設された。

仙台に近代裁縫教育の先駆け、朴澤三代治が開いた「松操《しょうそう》私塾」（現仙台大学、明成高校）があった。大原裁縫学校の創設者富永はここで学んでいる。

「一関藩は学問を奨励し、進取の気質に富んでいた」と語るのは伊達宗弘仙台大学客員教授（75）。「礼法なども取り入れた朴澤の裁縫教育は女性の地位向上や自立に大きな役割を果たすが、一関にはそれを受け入れる土壌が備わっていた」と説く。

その頃、千代は東京で洋裁修学に努めていた。そして１８９７（明治30）年、37歳で「和洋裁縫女学院」を立ち上げる。

その2年後、「高等女学校令」が公布される。各府県に高等女学校の設置が義務付けられ、女子中等教育が発展していく。

第2章

学びから開学へ

和洋女子大学の前身、和洋裁縫女学院の創設者堀越千代と、校主として支えた夫の堀越修一郎
（東京都公文書館所蔵）

出会い　――教育の道　夫が後押し――

明治維新後、時代は大きく変わろうとしていた。戊辰《ぼしん》戦争に敗れた盛岡藩士の子息らは学問で身を立てようと都を目指した。同じ頃、堀越千代も単身上京する。

向学のためとはいえ、若い身空で苦労も絶えなかったことだろう。そんな千代に大きな出会いが訪れる。千代18歳。仙台藩士族の堀越修一郎と結婚する。互いに学問好きの東北人だった。12歳年上の修一郎は先妻に先立たれ、生まれたばかりの長男千秋を連れての再婚。千代は妻となり、１児の母となった。

１８４７（弘化４）年、修一郎は仙台藩士堀越市太夫の次男として生まれた。同じ年、盛岡藩では大規模な百姓一揆「三閉伊一揆」が勃発。上意下達の時代がひび割れ始めていた。

修一郎は幼い頃から仙台藩校「養賢堂《ようけんどう》」で漢学を学んだ。13歳の時、13代藩主伊達慶《よし》邦《くに》の前で「論語」を講義するほどの秀才で、15歳になると助教（教員）に取り立てられた。

　教えを受けたのは岩手・一関ゆかりの漢学者大槻磐渓《ばんけい》（１８０１〜１８７８年）。和漢洋の幅広い教養を持った磐渓は早くから開国や海防の急務を唱え、西洋砲術の大家として知られる。養賢堂で学頭（学長）を務め、文筆家としても名高い。

　修一郎は偉大な師、磐渓を慕い、１８７１（明治４）年上京。漢学を深めた後、小学校教員や青少年向け雑誌の編集者として活躍する。

　千代が時代をリードする教育者として大成した背景には、夫修一郎の存在が欠かせない。結婚後も主婦にとどまらず、教養を積んだ千代。封建的思想が残る時代に修一郎は千代の修学を理解し、背中を押した。

「賊軍の汚名は学問で雪《そそ》ぐ」

　盛岡藩士と仙台藩士の家に生まれた2人には共通する気概があったに違いない。

　千代を教育の道に導いた修一郎は漢学者であり、教育者であった。和洋女子大学の前身「和洋裁縫女学院」創設にあたっては千代の力となり、共に教育に心血を注いだ。後に堀越高校の校祖ともなる。

　１８９７（明治30）年開設した女学院では千代が校長を務め、修一郎は校主（総長）として経営を支えた。「男先生」と慕われ、教壇に立つことも。講義では修身や教授法を教えた。

厳格だった修一郎。「かみなり様」のニックネームもあった。ひ孫で学校法人堀越学園の堀越正道理事長（68）は「激しい気性の人だったと亡父からよく聞いた。約束の時間に5分遅れると『帰れ』と言うくらい」と述懐する。

一方、つつましく温順だった千代。そんな2人のエピソードがある。きれい好きだった修一郎は、ほうきとはたきを持って学校中を掃除して歩いた。どこか汚れていると、千代に小言を言った。決まって千代は「はいはい」と笑顔で応じ、「どうもすみません。これから気をつけます」と逆らうことはなかったという。

男性優位の時代、千代の気立ての良さがうかがえる。

【養賢堂】……仙台藩の藩校。1736（元文元）年に藩学問所として設置され、1772（安永元）年から「養賢堂」と称される。300諸藩の中で唯一和算を正規の科目とし、蘭学やロシア語なども教えた。岩手の先人とゆかりが深く、一関市大東町出身で刑法思想の先覚者芦東山（あし・とうざん）は開設を建言した一人。一関の学者一族、大槻家は平泉（へいせん）、習斎（しゅうさい）、磐渓（ばんけい）と3代にわたって学頭を務めた。

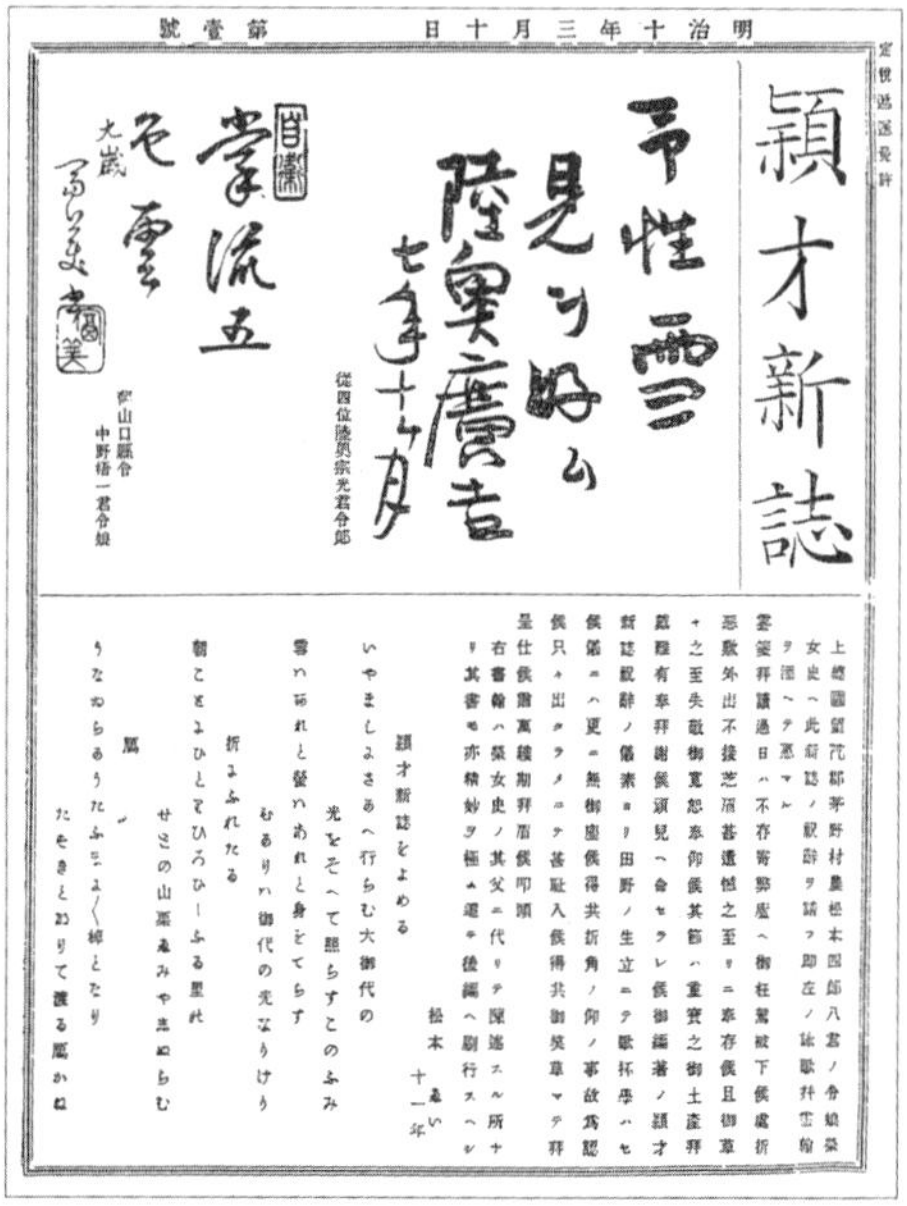

青少年向け投稿雑誌「穎才新誌」。上の第１号は表紙を持たず、最初のページから本文が始まる。外務大臣などを務めた陸奥宗光の長男広吉の書「予　性　雪見ヲ好ム」のほか、発刊を祝した「穎才新誌をよめる」などの短歌が紹介されている

夫の才覚
——雑誌通し青少年育成——

堀越千代が創設した和洋女子大学は洋裁を日本で初めて学校教育に取り入れた学園だ。

明治の文明開化が広がる頃。やがて「洋服の時代」が来ることを予見し、洋裁教育の先陣を切った。時流をとらえる才覚は、千代の夫堀越修一郎によるところが大きい。

仙台から上京した修一郎は埼玉県の深谷小学校で教壇に立った後、全国の青少年を対象とした投稿雑誌「頴才《えいさい》新誌」の編集責任者を務める。

明治に入ると、社会の近代化で情報公開や文化の普及が必要となり、多くの新聞や雑誌が創刊された。「頴才新誌」は児童雑誌のはしりで、自由民権運動のさなか投稿雑誌としても先端をいくものだった。

「頴才新誌　解説・総目次・索引」（不二出版）によると、同誌は活版印刷の草分け陽《よう》其二《きじ》が１８７７（明治10）年に創刊。陽は日本初の日刊紙「横浜毎日新聞」の発刊を手がけた人物だ。

修一郎は1881（明治14）年から携わり、「主幹」として編集を取り仕切った。2人で創刊したとの一説もある。

文筆家として知られる岩手・一関ゆかりの大槻磐渓《ばんけい》を師と仰ぎ、文才にたけていた修一郎。教員経験を肥やしに、全国の少年少女から寄せられた投稿文や詩歌の選者となり、模範文で指導した。

穎才新誌は週刊で、作文や和漢の詩文、短歌、俳句、主張のほか、書や図画などを掲載。作文教育の面で学校から歓迎された。投稿者の中には後に文学界を担う尾崎紅葉や佐佐木信綱、盛岡ゆかりの山田美妙《びみょう》（1868～1910年）の名も。教育者や政治家ら多彩な人材を輩出した。

その一人、文学者内田魯庵《ろあん》は「運動競技も唱歌も教へられなかつた当時の小学校生徒の他流仕合をするのは此の穎才新誌は全国（重に東京）小学校の児童の晴れの舞台だつた」（「太陽　明治大正の文化」より）と回想している。

口語で文章を書く「言文一致運動」を推進したことで知られる山田美妙は父親が盛岡藩出身。山田少年は本名「山田武太郎」で短歌「湖花」を投稿し、1882年2月25日発行の第247号に掲載された。

「さ、なみや比良の高根のはなさかり舟こそよとめ滋賀の大和田」

尾崎紅葉の研究者で和洋女子大学の木谷喜美枝名誉教授（76）は「世の青少年がわく

わくしながら新しい国を、新しい価値観をつくろうとしていた頃。政治と文学が近いところにあった時代に青少年を鼓舞した投稿雑誌だった」と解説する。

「新日本の根幹は青少年の育成事業から始まる」

教育者修一郎は信念をもって新雑誌の刊行に情熱を注いだ。編集の職を退いたのは１８９９（明治32）年。千代と共に立ち上げた「和洋裁縫女学院」（現和洋女子大学）の経営に専念するためだった。

１９１８（大正７）年、修一郎は行年71でこの世を去る。千代58歳の時だった。５年後、千代は夫の遺志を継ぎ堀越高校の前身となる「堀越高等女学校」を創設する。校祖は「堀越修一郎」。教育にかける彼の魂は学園創立の礎となり、脈々と今に受け継がれている。

明治時代に流行した「東（吾妻）コート」の裁縫ひな型（1897年製作、縮尺約３分の１）。毛織物で仕立てることが多く、現在の和装コートの原型とされる（東京家政大学博物館所蔵）

鹿鳴館時代のドレスを模した「婦人服」裁縫ひな型（1905年製作、縮尺３分の１）。上衣とスカートの２部式で、後ろ腰の膨らみが特徴の「バッスル・スタイル」（東京家政大学博物館所蔵）

学びの日々〈上〉――裁縫や漢文学多岐に――

18歳で結婚した堀越千代は家庭にとどまらず、自己研さんを積んだ。夫修一郎から手ほどきを受けた漢文学をはじめ、千代の代名詞となる和洋裁、このほか国文学、数学、習字、礼法と学びは多岐にわたる。あくなき向学心は後の「教育者千代」の礎となる。

女性の洋装化が始まったのは鹿鳴館時代。１８８３（明治16）年、欧化政策の一環で東京に開館した鹿鳴館は華族と在日外国人の社交場として洋装の発信地となった。千代が裁縫を学び始めたのは、ちょうどこの頃と重なる。

千代の履歴書によると、１８８４（明治17）年、24歳の時、男女洋服裁縫学校（神田区淡路町）に入学。井上慶二郎から英米式洋服裁縫を学ぶ。優れた技能と熱心さが目にとまったのだろう。卒業後、同校の教員となる。

１８８７（明治20）年、皇后が「婦女服制の思召書」を布告。女性の洋装を奨励したことで上流社会から官界、教育界にも洋装化が進んでいった。官立学校の制服に洋服が採用されると、次第に地方にも波及していった。

服飾の洋風化の流れにいち早く着目したのが老舗の呉服店だった。白木屋（旧東急百貨店日本橋店）に続き、越後屋呉服店（現三越）が洋服店を開業。その越後屋呉服店の洋服部（日本橋区駿河町）で、千代は１８８７（明治20）年からフランス式洋服裁縫を学ぶ。

越後屋は洋服部新設にあたり、本場フランスから女性裁縫師を３人招いた。その一人、ホフマンに付いて千代は高級婦人服の仕立てを教わった。

後まで忘れられなかったのが、時の皇后の御服を仕立てたこと。初めて洋装を採り入れた皇后は多くを越後屋に御下命されたという。

千代は「かしこみつつ御仕立て申し上げました、上はブラウス御裳の御引きずり三ヤードもある御召ども今考えてみましても気高き極みでございました」と、和洋女子大学の同窓会誌「むら竹」で振り返っている。

刺激的な毎日だったのだろう。当時を思い起こす記述が他にも残っている。「私が二十五年前昔のカッパを改良してアヅマコートを考案致しましたが改良もあんなに効果がございますと愉快なものでございます」

当時流行した「吾妻《あずま》コート」のことだろう。白木屋洋服部が「東コート」として創案したものとされるが、当時専売特許の制度がなかったため「吾妻コート」の名で他店からも売り出されている。

「吾妻コート」は着物の上に羽織る丈の長い女性用の外衣。洋装化の流れの中で、洋傘やショールなどとともに和装に採り入れられた。社会進出が進み、外出の機会が多くなった女性たちにしゃれたへちま襟の洋風コートが歓迎された。

その服飾の最先端に千代が関わっていたことがうかがい知れる。

千代はその頃、昼は勉学、夜は教員資格練習所で講師を務めていた。いつもお弁当を二つ持って家を出るほど多忙を極めたが、裁縫への探究はさらに続く。

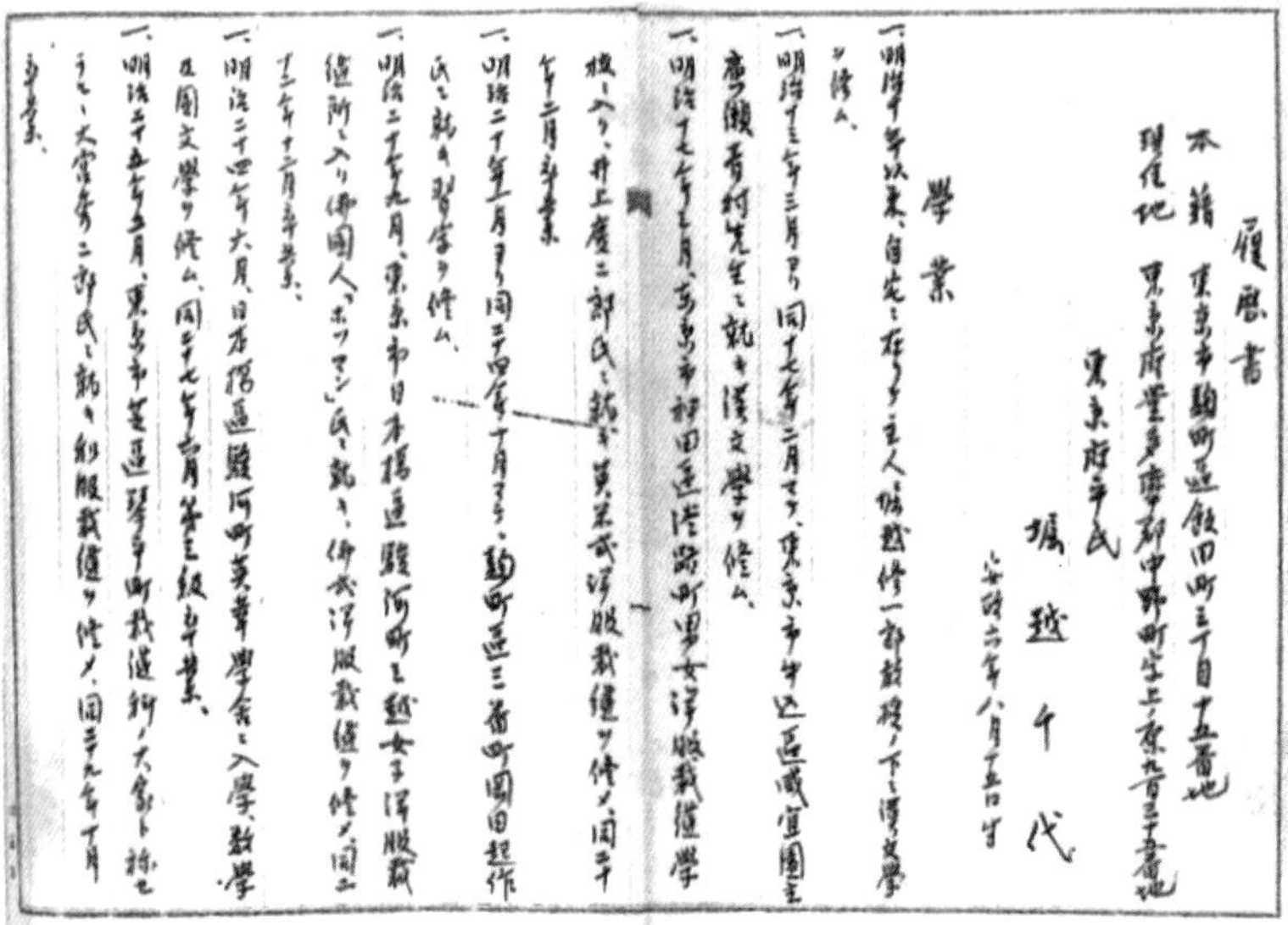
履歴書

本籍　東京市麹町区飯田町三丁目十五番地
現住地　東京府豊多摩郡中野町字上ノ原九百三十二番地

東京府平民
堀越千代
安政六年八月十五日生

學業

一、明治十年以来、自宅ニ在テ主人堀越修一郎教授ノ下ニ漢文學ヲ修ム。
一、明治十三年三月ヨリ同十七年二月マテ、東京市牛込区識宜園主広瀬青村先生ニ就キ漢文學ヲ修ム。
一、明治十七年七月、東京市神田区淡路町男女洋服裁縫学校ニ入リ、井上慶三郎氏ニ就キ英米式洋服裁縫ヲ修メ、同二十年十二月卒業。
一、明治二十年一月ヨリ同二十四年十月マテ、麹町区三番町岡田起作氏ニ就キ習字ヲ修ム。
一、明治二十年九月、東京市日本橋区駿河町三越女子洋服裁縫所ニ入リ、佛国人「ホフマン」氏ニ就キ、佛式洋服裁縫ヲ修メ、同二十二年十二月卒業。
一、明治二十四年六月、日本橋区駿河町英華學舎ニ入學、数學及国文學ヲ修ム、同二十七年四月第三級卒業。
一、明治二十五年三月、東京市芝区琴平町裁縫所ノ大家ト称セラレシ大宮錦三郎氏ニ就キ和服裁縫ヲ修メ、同二十九年十月卒業。

東京府に提出された堀越千代直筆の履歴書（東京都公文書館所蔵）

学びの日々〈下〉――先端の洋裁技術会得――

明治の文明開化は人々の暮らしを大きく変えた。堀越千代が早くから着目した洋装化の流れも、その一つの象徴といえる。

日本の洋服史は海軍の軍服から始まる。開国を機に軍服や制服など、男性の公的な服装から洋装化が進んでいった。一方、女性への浸透は遅れ、鹿鳴館開館が起点となる。上流社会から広がった洋装は日露戦争後、「社交用から日常用へ」と一般社会にも定着していった。

裁縫は女性独自の手技ではなく、戦場に赴く軍人らにとっても大事な心得の一つだった。近代裁縫教育の先駆けで、仙台の「松操私塾《しょうそう》」（現仙台大学）を創設した朴澤三代治は軍服や官服の裁縫を修得している。

千代の夫修一郎は旧仙台藩士族。後に２代三代治となる石川良助と同時期に仙台藩校「養賢堂《ようけんどう》」で学んでいる。修一郎は石川を通じて、初代三代治が唱えた実学や女子教育の大切さに触れる機会があったのではないだろうか。

修一郎が理解を示し、結婚後も研さんを積んだ千代。特に裁縫技術の習得に熱を入れたのも、修一郎の見識によるところが大きい。

履歴書によると、千代は20代の頃、男女洋服裁縫学校（神田区淡路町）で英米式洋服裁縫を学び、越後屋呉服店（現三越、日本橋区駿河町）の洋服部ではフランス式洋服裁縫を習得。さらに1888（明治21）年、横浜の洋服店「ローマン商会」で男子服裁縫を修める。

洋服業の展開は、在留欧米人の洋服や軍服の需要があった開港場の横浜、神戸、長崎から始まる。その後に鹿鳴館洋装の需要が増えた東京へと広がっていく。

多くの日本人洋服技術者は横浜の西洋人テーラーなどで修業し、独立していった。同様に千代も先端の洋裁技術を身につけたかったのだろう。欧米人からの直接指導を求め横浜へと向かった。

ドイツ人H・ローマンが開業したローマン商会は、当時横浜居留地の二大商会。明治の注文洋服業界の草分けとされる小沢惣太郎が、ここで技術指導を受けている。

当時の洋服仕立て代は高価だった。後に「女性の自立」を掲げ、学校を立ち上げた千代のこと。経済的自立を考える上でも、洋裁は魅力的だったに違いない。

1892（明治25）年からは裁縫の大家大宮秀二郎に付き和服裁縫を習得する。千代は英米式、仏式、男子服、和服においても専門家に師事し、裁縫技術を極めた。

千代の学ぶ姿勢は裁縫にとどまらない。

漢文学は私塾「東宜園《とうぎえん》」（牛込区）の園主広瀬青邨に師事する。広瀬は岩手県奥州市出身の蘭学者高野長英が学んだ咸宜園《かんぎえん》（大分）の元塾主で、本県とも関わりがある。1875（明治8）年、岩手県七等出仕兼七等判事に就き、県権参事に昇進。かつて咸宜園で学んだ初代岩手県令島惟精《しまこれきよ》の推挙によるものとされる。千代16歳の頃だ。

このほか、千代は習字を東京女子高等師範学校の教員を務めた岡田起作に習い、英華学舎（日本橋区駿河町）では数学と国文学を学んだ。自身が「和洋裁縫女学院」を開いた1897（明治30）年からは女学院の教壇に立つかたわら、小笠原教場（神田区猿楽町）で小笠原礼法を会得している。

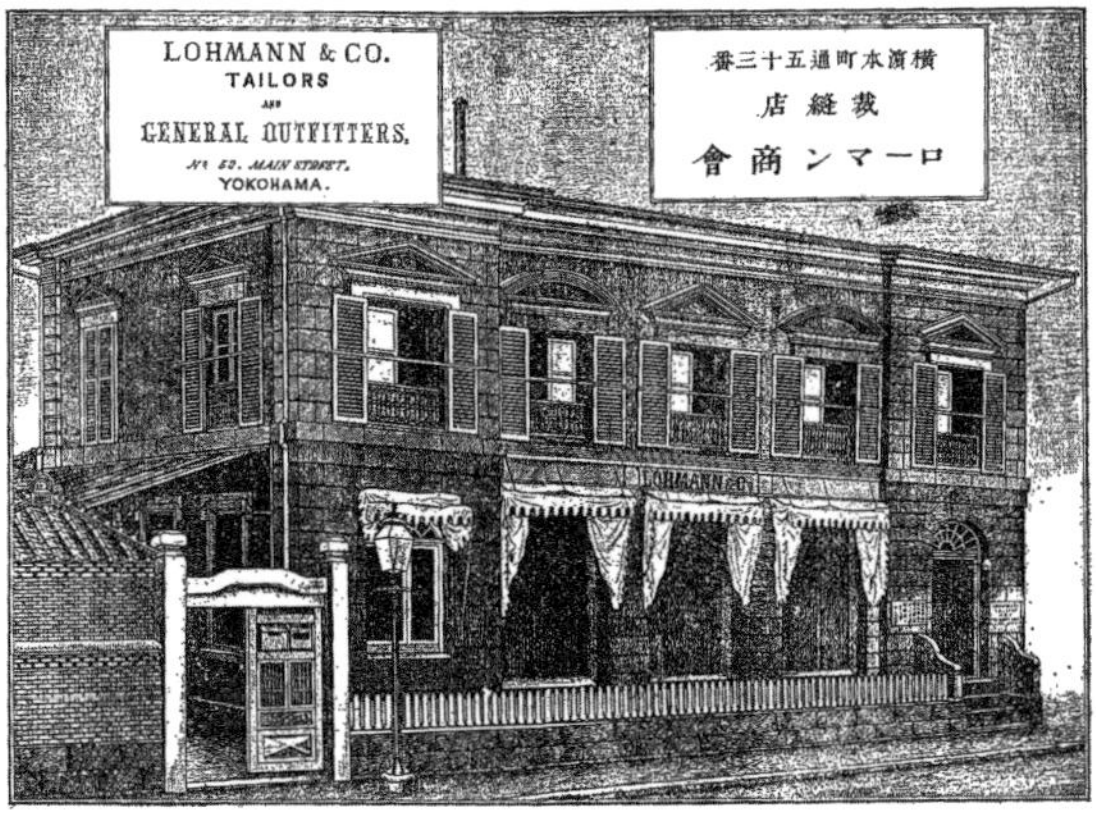

堀越千代が男子服裁縫を学んだとされる横浜の「ローマン商会」（吉川弘文館刊「日本婦人洋装史　新装版」より）

1904（明治37）年、和洋裁縫女学校卒業生の集合写真。中央が堀越千代（「女学世界」より）

裁縫女学院創設　――独自性と指導評判に――

漢文学や裁縫をはじめ、多くの教養を身につけた堀越千代は教育者の道を歩み出す。夫修一郎の理解のもと、学ぶ機会、社会に触れる機会に恵まれた千代。一方、女性の社会的地位に疑問を覚えるようになった。

千代は「女性の自立」こそ、これからの日本に欠かせないと考えるようになる。そのためには経済的自立が伴わなければならない。社会の中で女性が身を立てていくにはどうすればいいか。小さい頃から身についている「裁縫」だと考えた。

１８９２（明治25）年、福沢諭吉は「日本女子固有の美風」として、女子教育における裁縫科の重要性を論じている。そんな時勢でもあった。

裁縫が希望の道になる。教員経験を持つ千代は１８９７（明治30）年、東京・麹町《こうじまち》区飯田町（現千代田区富士見）の自宅で「和洋裁縫女学院」を開く。靖国神社のほど近く。もちろん、夫修一郎の後ろ盾があった。

千代37歳。時代は日清戦争後、日本が近代国家に向けて歩み始めた頃だった。初等教育が充実し、女学校も飛躍的に増加。津田塾大学の創立者津田梅子らが女子の高等教育を構想し始めた時期でもあった。

和洋裁縫女学院は尋常小学校を卒業した女子らに道を拓く各種学校として出発する。千代が校長となり、修一郎が校主を務めた。

和洋の特徴は裁縫教育に、当時としては珍しい洋裁を採り入れたこと。東京裁縫女学校（現東京家政大学）や共立女子職業学校（現共立女子大学）に先駆け、洋裁教育に注力した。今や洋装が主流の時代。千代の卓見には驚かされる。

開校当初の生徒は30人ほど。はじめこそささやかだったが、洋裁教育の独自性と懇切な指導がたちまち評判となった。２年目には60人、３年目には１５０人と年々生徒は増えていった。

縁側にむしろを敷いてもあふれるほど、戸外にテントを張って授業することもあった。女学校を出てすぐの少女、子どもを抱えて自活の道を見いだそうとする母親、年齢も境遇もさまざまな女性が全国各地から集まった。

若くして盛岡から単身上京し、家庭を持った千代。有力な支援者がいたとも考えにくい。一主婦の身で、私学を運営していくことは大変な苦労だった。

そこで興味深い資料がある。「日本洋服史　一世紀の歩みと未来展望」（洋服業界記者クラブ）掲載の洋服業者一覧。それによると、千代は女学院設立と同年の１８９７年、

「和洋裁縫」の屋号で洋服業を開業している。資金づくりのためだったと想像するとうなずける。

草創期の校歌に表れる千代の教育理念。１番の歌詞には裁縫で自立を図り、２番では良き家庭をつくり、３番で女性としての品性を高めよ、と示唆している。

和洋女子大学の岸田宏司学長（64）は「『品性のある自立した女性』の育成こそが創設の目的だったと読み取れる」と説く。

和洋裁縫女学院は１９０１（明治34）年９月27日に「和洋裁縫女学校」と改称。学園はこの日を創立記念日と定めている。

和洋女子大学草創期の校歌

一、御代のめぐみと　あたたかに
　身に着る衣　裁ち縫ひの
わざをおさめて行く末に
　自営の心　養はん
これ我が校の　めあてなり
　これ我が校の　めあてなり

二、社会の需用にしたがひて
　和服洋服　とりどりに
ならひてのちの　よき家庭
　つくらんいしずゑ　たておかん
これ我が校の　教へなり
　これ我が校の　教へなり

三、手にする針の曲りなく
　衣縫ふ糸の　乱れなく
学びの道に　いそしみて
　女子の品性　高めまし
これ我が校の　のぞみなり
　これ我が校の　のぞみなり

第3章

独自教育

津田梅子（中央）ら日本初の女子留学生たち。梅子を抱き上げているのは世話役として同行したデ・ロング米国代理公使夫人（津田塾大学提供）

近代女子教育
――明治30年代に花開く――

1871（明治4）年、5人の少女が米国へと渡った。日本最初の女子留学生たち。最年少はわずか6歳。後に津田塾大学の創設者となる津田梅子だ。

留学の目的は西洋流の教育方法を学ぶこと。将来の日本の女子教育に備えるものだった。

梅子が日本をたった翌年、「学制」公布により近代の学校制度が始まる。「国民皆学」がうたわれ、女子も男子と同様に小学校で学ぶことになる。しかし、中学校以上の女子教育の方針は何も示されなかった。

近代女子教育の端緒となったのは1872（明治5）年に開設された官立女学校。教育内容は中等教育相当の高いものだった。1875（明治8）年には東京女子師範学校（現お茶の水女子大学）が開校。次第に全国各地に女学校が広がっていく。

一方、国や府県より先に女子教育に新風を吹き込んだのはキリスト教宣教師だった。1870（明治3）年のフェリス女学院（現フェリス女学院大学）をはじめ、開港場を中心にミッション系女学校の設立が相次いだ。

私学では日本の伝統的教養を重んじた跡見女学校（現跡見学園女子大学）などの創設も早かった。

明治中期に入ると、急速にフェミニズム思想が育つ。

1885（明治18）年、日本初の女子雑誌「女学雑誌」が発刊。産業界の成長で職業婦人も生まれた。自由や民権の意識が高まる中で一個の人間として「女性の自覚」が芽生え始める。

その影響は女子教育にも及んだ。当時の女学校は良妻賢母になるための教養教育が中心だったが、自主自立を図るための職業教育を目指す動きが出始める。和洋裁縫伝習所（現東京家政大学）や共立女子職業学校（現共立女子大学）などがその先駆けだ。

明治30年代に入ると、女子教育は一気に開花する。1899（明治32）年の「高等女学校令」や日清戦争後の経済的発展などが背景にある。

堀越千代が「和洋裁縫女学院」を創設したのは1897（明治30）年。

1899年には実践女学校（現実践女子大学）、1900年は女子英学塾（現津田塾大学）と、東京女医学校（現東京女子医科大学）、1901年日本女子大学校（現日本女子大学）、1903年私立女子商業学校（現嘉悦大学）と、現在の女子大学の前身となる女学校が続々と誕生する。

津田梅子の女子英学塾や広岡浅子とともに女子大学校創設運動を展開した成瀬仁蔵の日本女子大学校などは、当初から女子高等教育をうたうものだった。

千代は華々しくも、時代の荒波に一歩踏み出した当時をこう振り返っている。

「今日ほど我々日本婦人にとって悩ましい苦しい行き詰った時代はありません、婦人が自覚しなかった時代なら、すべての繁雑な生活、伝統的にしなれて来た生活に安んじて心のもだえ苦しみを知らずに居られたのです（以下略）」（和洋女子大学同窓会誌「むら竹」より）

時代を切り拓くということは苦悩の連続だった。

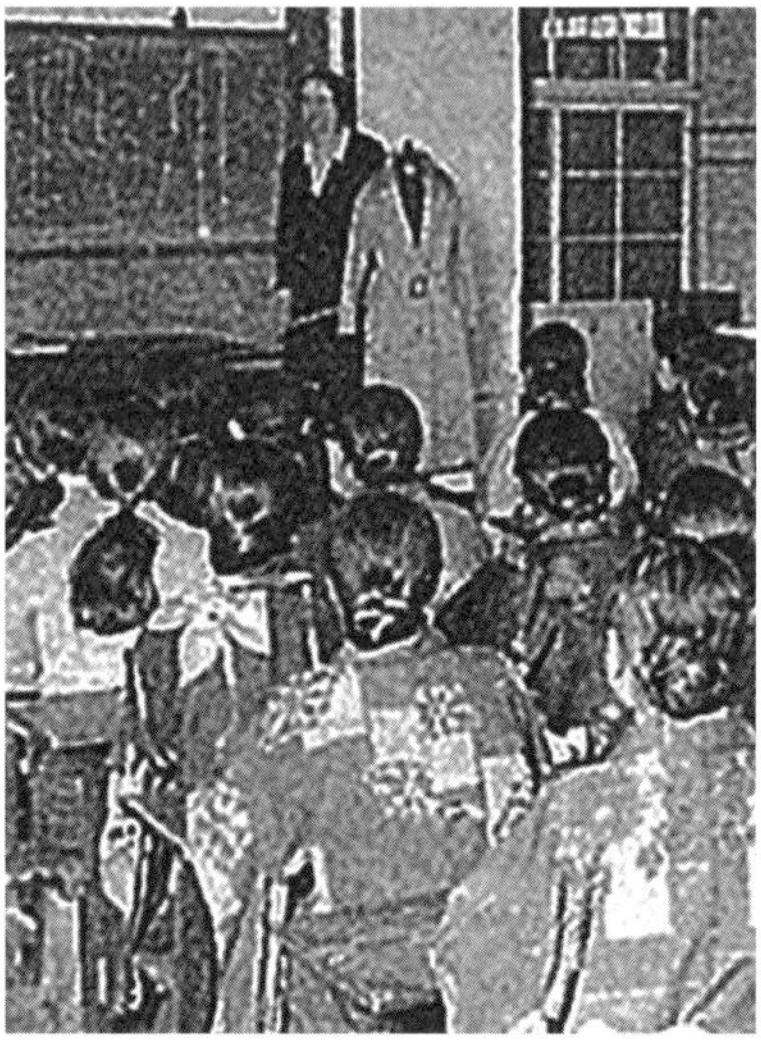

1934（昭和９）年、ドイツ人教員による洋裁の講義風景

独自教育〈上〉

――時代見据え洋裁に力――

「日本の将来は必ず洋服の生活に変わっていく」

堀越千代が和洋裁縫女学院を立ち上げ、洋裁教育に力を入れたのは時代を見据えてのことだった。

女子教育の必要性が高まると、裁縫を中心とする女学校が続々創設される。１８８１（明治14）年の和洋裁縫伝習所（渡辺辰五郎、現東京家政大学）、１８７９（明治12）年の「松操《しょうそう》私塾」（朴澤三代治、現仙台大学）などがはしりといわれる。

鹿鳴館時代に入り洋装化が始まると、裁縫技術に洋裁が採り入れられるようになる。次第に洋裁の教えは私塾などの個人から学校教育へと移行していく。

その先駆けとなったのが、千代が１８９７（明治30）年に創設した和洋裁縫女学院。時は洋行帰りの人がハイカラー（高襟）を着用し始めた頃だった。

和洋は創立当初から教育科目の主軸に和洋裁を据えた。他校の洋裁教育はミシンの使用法など初歩的な教材が含まれる程度だったが、和洋はほぼ１対１の割合で和裁と洋裁を教えた。

教育内容をみると、和裁は東コートや古代服の長袴《ながばかま》。洋裁は下着やシャツなどの日常着から礼装用、看護服などの職業服まで多様な衣服製作が組み込まれている。千代が修得した先端技術がここで生きる。

さらに日進月歩の洋裁に対応すべく、千代は教員を米国に留学させたり、ドイツ人女性を教員に迎えるなど、和洋独自の地歩を固めていった。

「和裁は渡辺」「洋裁は和洋」

生徒たちの間で、こう呼ばれていた。和洋の洋裁教育が世間から認められていた証しだ。裁縫教員を目指す人や、「自分で洋服を作りたい」と時流に乗る女性まで、全国から生徒が集まった。

裁縫の講義は特に厳しかった。洋裁指導のできる人材を育てる高い意識があったからだ。少しでも縫い間違いがあると、「1ミリ違います」と、生徒はやり直しを命じられた。

平面構成の和裁に対し、洋裁は立体構成。技術が全く異なる。曲線縫いと立体仕立ての未知の技術に生徒も苦心したことだろう。

洋裁には幕末から日本に伝わったミシンの使用も欠かせなかった。千代は「和服で申せば運針と同じ」ミシンについて、講義で次のように解説している。

「頗《すこぶ》る熟練を要するもので、最初の間は足踏ミシンで申しますれば、足に気を取られば手がお留守になり、手の方に屈托すれば足が言ふことをきかず、其縫目は蛇の蜿蜒《えんえん》たるが如く、到底一直線に進み縫ふことは出来ず随分面倒のやうに感じます」

扱いの難しさを伝えつつ、「併《しか》し習うより慣れよ」と練習の必要性を説く。

和洋の卒業式は洋服が慣例だった。生徒は卒業作品として自身が仕立てた洋服を着て、晴れの式場に臨んだ。当時まだ女性の洋服は珍しい時代。恥ずかしがる生徒も多かったという。

千代は男女児の服をすべて洋服化することを願っていた。

「第一運動によく　第二経済で　第三可愛らしい（中略）幼い時から漸次馴れてまいりますとその女児たちが成長する次の時代は洋服がよく似合うようになりますから遠からず日本婦人服問題も解決されることと思います」（和洋女子大学同窓会誌「むら竹」より）

千代はそう遠くない日本の未来を思い描いていた。

1915（大正４）年、和洋裁縫女学校高等教員養成科卒業生の集合写真。前列中央が堀越修一郎、千代夫妻

独自教育〈下〉——教員養成に高い評価——

時代を見据え洋裁教育に先鞭《せんべん》をつけた堀越千代。和洋独自の教育方針は、初等・中等教員養成の取り組みにも見られる。

和洋裁縫女学院の創立は1897（明治30）年。その翌年、雑誌「風俗画報　臨時増刊第177号　新撰東京名所図会」（東陽堂）に名所の一つとして和洋が取り上げられている。

「婦人の斉家《せいか》に日常尤《もっと》も要用なる和洋服裁縫術及家政学等を教授し。且つ家庭主義により。父兄に代り其行為を監督し。徳操を涵養《かんよう》し。温良貞淑一家の母たる職務を完全ならしめ。且つ文部省に各府県庁の試験を受け。各高等女学校小学校等の裁縫科及家事科教師たらんとする志望者を。養成せんとするにあり」

女学院の目的は、裁縫教育を通じて近代家庭に望ましい良妻賢母を育成すること。さらには教員養成を目指していたことが読み取れる。

1872（明治5）年の「学制」は小学校の設立とともに、教員養成を重点の一つに掲げていた。「教員ハ男女ノ別ナク」と定め、女性教員の養成も意識されたものだった。

千代が描いた学校像は時代の要請に応える内容だったと言える。

自由な教育課程を持てる各種学校として設けた和洋裁縫女学院は、修業2カ年の本科や速成科、別科、夜学科の4学科。科目は和裁、洋裁、家事、教育でスタートした。

年々志願者が増えると、その目的、境遇も多様化していった。その求めに応じて、和洋は学科編成や科目を変更しながら、教育内容の充実を図った。

1909（明治42）年、修業2カ年の裁縫教員養成科を新設。和洋の原点、裁縫技術の実力をつけるとともに、教員に必要な基礎学力が身につく教育内容に編成した。国からは高等女学校卒業と同等の学力と認められ、中等教員受験資格が認定される。

明治後期、洋服の流行が新たな動向をもたらす。1903（明治36）年、高等女学校の裁縫科教員資格を与える文部省検定試験に洋裁が採り入れられる。

教員になるためには洋裁知識が必須に。当時、本格的な洋裁を教えていたのは和洋だけだった。学園にとっては好機となり、他校を卒業しても洋裁修業のため和洋で学び直す生徒も多く見られるようになった。

和洋女子大学の高野俊名誉教授（77）は「教員免許状を取るには和洋の門をくぐらなければ合格しないと言われるほど。和洋の洋裁教育は時代が求めるものだった」と語る。

さらに1911（明治44）年、修業3カ年の高等教員養成科を設置する。女子師範学校や高等女学校の卒業生らを対象とした教育内容は、高等教育機関への発展性を秘めたものだった。

翌年には、高等教員養成科の卒業生に無試験で裁縫科中等教員の免許状が与えられる。同時に、裁縫科に対し文部省が設けた臨時教員養成所の官費生の教育を委託され、女子教育機関として確固たる地位を築いていく。

多くの教員を世に送り出した和洋。1916（大正5）年から1926（大正15）年（1925年を除く）までの卒業生をみると、約640人が裁縫科や家事科の教員として全国、海外に羽ばたいている。

明治の創立時から時代とともに変遷を遂げた和洋女子大学の校舎

学園の発展――時代の波越え大学に――

震災や戦争、経済恐慌や財政難―。激動の明治時代に女学校を創設した堀越千代は、数々の難局を切り拓き現大学へと道をつなげた。

千代が礎を築いた学園は２０２２年、創立１２５周年を迎える。

明治維新以降、学校制度はめまぐるしく変遷を遂げた。１８９７（明治30）年、中等教育機関の一つ、各種学校として歩みだした「和洋裁縫女学院」は、１９０１（明治34）年には私立学校令に基づき「和洋裁縫女学校」と改称する。

女子教育への関心の高まりとともに、先端の洋裁を主軸にした和洋の独自教育は評判を呼んだ。年々膨らむ生徒数に対応し、東京・九段の地で移転新築や拡張を重ねる。千代58歳。学園が軌道に乗り始めた折、ともに学園発展に尽くした夫堀越修一郎がこの世を去る。１９１８（大正７）年、行年71だった。

１９２３（大正12）年９月１日、悲しみ癒えぬ千代に関東大震災が襲う。幸いにも校舎の被害は免れ、和洋の生徒たちは罹災《りさい》者のためのじゅばん作りなどに奔走した。

試練の時を越え、迎えた1926（大正15）年の創立30周年記念祝賀式。千代は「現在の如き千五百名の多数を収容する盛大な学校にまで発展しようとは思いもかけないことでありました」（同窓会誌「むら竹」より）と感慨を述べている。

1927（昭和2）年、女学校は実業学校令により職業学校に変更。翌年には女学校の高等師範科を改組し、専門学校令に基づいて「和洋女子専門学校」となる。

この頃、千代の長男堀越千秋が陸軍を退役し、和洋と1923（大正12）年に千代が開設した堀越高等女学校の教諭に就く。千秋は道徳教育に力を注ぎ、千代の支えとなった。

創立以来約40年間、学園のトップとして走り続けてきた千代は、75歳となった1935（昭和10）年、校長を退き、名誉校長となる。バトンは文部省推挙の元秋田県知事、稗方《ひえかた》弘毅に渡す。

中興の祖とされる稗方は財政の立て直しや学科改善に力を注いだ。就任翌年には和洋裁縫女学校を「和洋女子学院」と改め再出発。専門学校は学科の充実を図り、これまでの裁縫科に加え家事科の教員免許も無試験検定の資格を得る。

1945（昭和20）年、学園は戦渦に巻き込まれる。東京大空襲により、九段校舎は1棟を残して焼失。しかし、稗方はすぐさま復興へと立ち向かう。全国の私学と力を合わせ、空き家と化していた旧軍施設を学校に転用する運動を展開。和洋は千葉県市川市国府台《こうのだい》に新天地を得る。

１９４６（昭和21）年、専門学校を国府台に移転。女子学院は発祥の地、九段に存続させる。

戦後の学制改革により、専門学校が「和洋女子大学」となったのは１９４９（昭和24）年のこと。翌年には「和洋女子大学短期大学部」を設置する。

千代は大学昇格を見ることなく１９４８（昭和23）年、享年90で生涯を終える。

現在、学校法人和洋学園は和洋女子大学・大学院のほか、中高一貫校の和洋国府台女子中学校高校（千葉県市川市）と和洋九段女子中学校高校（東京都千代田区）を運営する。

長坂健二郎理事長（86）は「千代先生は女子教育に生涯をささげる決意を固めるや、道なき道を一直線に走り始めた。私たち、後に続くものはその揺るぎなき使命感に心打たれ励まされる」と志を継ぐ。

堀越高校創立当時の校舎

堀越高校敷地内にある創設者堀越千代の陶額（設置当時）

堀越高女創設
――尽きぬ教育への情熱――

堀越千代の女子教育への情熱は「和洋裁縫女学院」創設にとどまらない。千代は1923（大正12）年、女学院の姉妹校として東京・豊多摩郡中野町（現中野区）に「堀越高等女学校」（現堀越高校）を開校する。

「私の住居地たる中野町は逐年発達の機運に向かい人家稠密、人口繁殖するにもかかわらず、中等教育を施すべき機関がないのであります」（和洋女子大学同窓会誌「むら竹」より）

中野の地に建てた理由をこう語る。特にも女子教育機関が少なかったという。地元の切なる願いに応えようとした千代。ひいては生前、青少年教育に情熱を傾けた夫堀越修一郎の遺志を継ぐことでもあった。

千代のひ孫で学校法人堀越学園の堀越正道理事長（68）は「千代にとって堀越高等女学校の開設は和裁洋裁にとどまら

堀越克明

堀越千秋

ず、広く女子教育を行う、時代的にも大きな意味のあることだったのだろう」と思いを巡らす。

堀越高女は4年制の女子高等学校として出発。修一郎を校祖に立て、63歳の千代が初代校長に就く。開校時は生徒約120人でスタートした。

続いて1927（昭和2）年、堀越高女に「堀越家政女学校」を併設する。千代は「私は老いましたが、和洋堀越両学校の現状を以て満足するものではありません。更に新なる理想の下に絶えざる進展を図る決心と覚悟とを持って居ります」（堀越高等女学校校友会誌「むらさき」より）と決意の弁。果てなき教育への思いを表している。

この年、千代の長男堀越千秋が陸軍を退役。両女学校の副校長に就く。高齢の千代に代わって校務を担う傍ら、修身の教科担当として教壇にも立った。

84歳となった千代は1944（昭和19）年、両校の校長を退き、名誉校長となる。校長は千秋の妻堀越はるゑに引き継がれる。同年、家政女学校は時代の求めに「女子商業学校」と改称する。

翌年の東京大空襲。4月に落成したばかりの新校舎が全焼する。副校長の千秋は学園の行く末を案じながら9月、病のため息を引き取る。67歳だった。

1年が過ぎ、学園は窓ガラスのない「バラック校舎」で授業を再開した。新教育制度の施行に伴い１９４７（昭和22）年、旧制1～3年を「堀越中学校」に、翌年には旧制４年以上を「堀越高等学校」に改組する。

学園の発展を見守り続けた千代は１９４８（昭和23）年4月、家族の元へと旅立った。享年90。長い長い教育者の道だった。

１９５７（昭和32）年、千代の孫堀越克明が堀越高校第3代校長に就任すると、新たに男子部を併設。現在の共学校の礎が築かれる。

創立50周年を迎えた１９７３（昭和48）年には全日制普通科課程にコース制を導入。生徒一人一人の能力を発掘し伸ばすことを目的に「芸能活動」や「体育進学」などのコースを設け、今日まで多くの著名な卒業生を輩出している。

１９８５（昭和60）年、克明は東京・八王子市に新たに「穎明館《えいめいかん》高等学校」を設立。祖父修一郎を教学の祖とした。「穎」で始まる校名は修一郎が編集責任者を務めた雑誌「穎才新誌」に由来する。

かつて「ほりこし幼稚園」も経営していた堀越学園は現在、堀越高校（東京都中野区）と穎明館中学高校（東京都八王子市）を運営する。

２０１１年永眠した堀越高校校長、克明の言葉。

「本学園は〝和魂洋才の理念〟を掲げて創立されました。この建学の精神は、移り変わる時代時代に即応しながら、今もなお脈々と受け継がれています」

第4章

女子教育

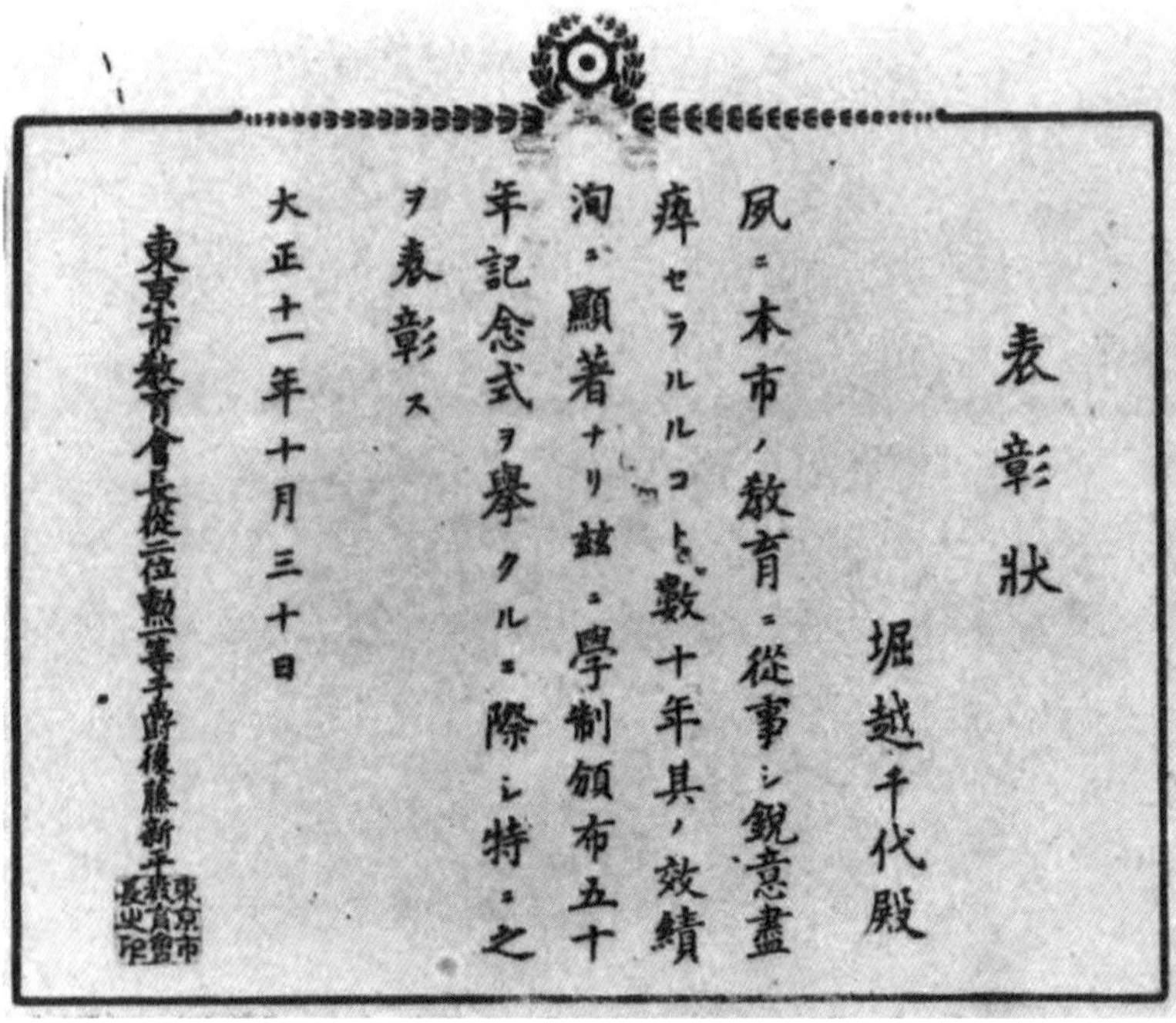
表彰状

堀越千代殿

夙ニ本市ノ教育ニ従事シ鋭意盡瘁セラルルコト數十年其ノ效績洵ニ顯著ナリ茲ニ學制頒布五十年記念式ヲ擧クルニ際シ特ニ之ヲ表彰ス

大正十一年十月三十日

東京市教育會長従三位勲一等子爵後藤新平

東京市教育會長之印

教育界への業績が認められ、東京市教育会から堀越千代に贈られた表彰状

後藤新平 ――学校設立の原動力に――

「およそ一事を起こしますには必ず動機の存するものであります、まして学校を新設いたします如きはもとより偶然ではありません」

１９２３（大正12）年、東京・中野に「堀越高等女学校」を開いた堀越千代。彼女にとっては和洋裁縫女学校に続く、二つ目の学校創設となる。それにはきっかけがあるのだと、和洋女子大学同窓会誌「むら竹」につづっている。

東京市教育会長として堀越千代に表彰状を贈った後藤新平
（奥州市立後藤新平記念館提供）

「私は図らずも東京市教育会長後藤子爵閣下より左記の表彰を授かりました。（中略）かかる表彰を戴きましたる私は粉骨砕身して斯道《しどう》のため国家に対しまして貢献の実を奏したいと存じまして、あれやこれやと苦慮いたしました結果高等女学校を設立したいと思いついたのであります」

1922（大正11）年10月30日、千代は学制頒布50年記念式で東京市教育会から表彰を受ける。この時63歳。ほか表彰者の中には共立女子大学創立者の一人、鳩山春子らも名を連ねていた。

千代の教育貢献をたたえる表彰状を見ると、贈呈者名に「東京市教育会長従二位勲一等子爵後藤新平」とある。当時、市教育会長を務めていたのは同じ岩手県人、後藤新平（1857〜1929年）だった。

この日の後藤の日記には「学制五十年祝典」と日程が記されている。

千代は直接、後藤の手から表彰状を受け取ったのだろう。後藤は同郷人の功績に対し、ねぎらいと温かい励ましの言葉を贈ったに違いない。

その後藤の言葉が千代の心に深く刻まれた。そして、女学校立ち上げの原動力へと膨らんでいく。

岩手県奥州市水沢生まれの後藤は千代の2歳上。13歳で一度上京するが、恩師の勧めで福島の医学校に入学。その後医師となる。後藤の活躍は医師にとどまらず、行政官や政治家と幅広い。

内務省衛生局長をはじめ台湾総督府民政長官、満鉄初代総裁、逓信相、鉄道院総裁、内相、外相、後にＮＨＫとなる東京放送局初代総裁などを歴任。

千代が表彰を受けた頃は東京市長を務めていた。市長時代は東京の近代都市化を目指し「東京市改造8億円計画」を打ち立てたことから「大風呂敷」と言われた。関東大震災時には帝都復興院総裁として東京復興の陣頭指揮を執り、現在の東京を形づくった。千代は1922年7月1日にも、東京市教育会から裁縫教育普及への功を認められ、やはり「会長後藤新平」名で表彰状と置き時計を贈られている。

翌年10月31日には、後藤が総裁を務めるボーイスカウトの前身、少年団日本連盟から感謝状を受けている。関東大震災が襲った年。その際、連盟が野外で開いた学校に、千代が支援をしたことから謝意を伝えるものだった。

「人のおせわにならぬやう　人の御世話をするやう　そしてむくいをもとめぬやう」

後藤が全国に広めた「自治三訣《さんけつ》」の精神。「自治」を重んじ、少年たちが自分の力で生きるための極意として多くの講演で口にした。「自分で立ち、人のために、社会のために」。教育者後藤の教えは、千代も共感するものだったに違いない。

東京女子大学開校式で女子学生を前に式辞を述べる新渡戸稲造（盛岡市先人記念館提供）

中野町内所在公私立学校一覧

学校名	創立年月	所在地	学校長
文部省直轄 東京高等学校	大正十一年四月	栄町通	塚原 政次
東京府立 高等家政女学校	同 十二年四月	桃園一五	清水 幅市
中野町立 中野実践女学校	昭和五年 三月	朝日ヶ丘	細谷 章
私立 堀越高等女学校	大正十二年四月	宮前	堀越 千代
財団法人女子経済専門学校 附属高等女学校	同 十二年四月	本町通六丁目	新渡戸稲造
私立 堀越家政女学校	昭和二年 四月	宮前	堀越 千代
同 中野高等女学校	同 三年 四月	同 一	富田 敷純
財団法人 中野中学校	同 四年 四月	桜山五〇	龍野 定一
私立 日本音楽学校	明治三十六年一月	打越	布川 寿
同 東京同愛盲学校	同三十九年三月	城山六六	和田 秀豊
中野町立 青年訓練所	大正十五年七月	朝日ヶ丘	細谷 章

(昭和８年中野町誌)

1933（昭和８）年、東京・中野町誌に掲載された町内所在公私立学校一覧

新渡戸稲造

――ともに女子教育尽力――

式典壇上から女子学生たちに語り掛けた。

「婦人が偉くなると国が衰へるなどと云ふのは意気地のない男子の云ふ事で、男女を織物に譬《たと》ふれば、男子は経糸《たていと》で女子は緯糸《よこいと》である。経糸が弱くても緯糸が弱くても、織物は完全とは云はれませぬ」

1918（大正7）年、東京女子大学の開校式。盛岡市出身の初代学長新渡戸稲造（1862～1933年）が式辞で述べた言葉だ。男女の平等と互いの補完関係を説き、女子高等教育の必要性を訴えた。

多くの学校に携わり、女子教育に尽力した新渡戸稲造
（盛岡市先人記念館提供）

創立当初から女子高等教育をうたった東京女子大学は日本で最初に発足した新制女子大学の一つ。戦後の学制改革により1948（昭和23）年、津田塾大学や日本女子大学など

とともに国の認可を受けた。

翌年、堀越千代創設の和洋女子大学も新制大学の仲間入りをする。中等教育機関としてスタートした学園がまた一つ、飛躍を遂げた時だった。

成り立ちこそ違うが、明治、大正と早い時期から女子教育の道を切り拓いてきた両大学。千代、新渡戸とも、この瞬間には立ち会えなかったが、大学の礎を築いた岩手県人2人の功績は大きい。

まだ教育制度が整っていなかった戦前、一部大学に女子への門戸開放の動きがあった。時代の流れを千代も感じていたのだろう。

「従来の女子の思いもよらぬほど現代の婦人は進歩してきております、教育の最高機関たる大学が女子にも開放されました、女子も男子と同等に大学の講義を聞きいかようにも深く研究が出来て、これから女博士も出ようという勢いです」

千代61歳。1921（大正10）年発行の和洋女子大学同窓会誌「むら竹」に期待の言葉を寄せている。

新渡戸は千代と同じ盛岡藩士の子弟で、千代の三つ下。札幌農学校卒業後、米国などに留学し、帰国後は母校や東京帝国大の教壇に立った。

「われ太平洋の橋とならん」。国際連盟事務次長を務めた国際人であり、世界的な名著「武士道」を書いた愛国者でもあった。

国際人、農学者など、さまざまな顔を持つ新渡戸。教育者としては東京女子大学のみならず、多くの学校に携わり、社会に羽ばたこうとする女性を支援した。

最初に女子教育に当たったのは北海道のスミス女学校。さらに遠友《えんゆう》夜学校や普連土《ふれんど》学園、津田塾大学、恵泉女学園、日本女子大学など、いくつもの学校の設立や経営に関わった。一風変わった三味線や長唄を教える杵家弥七《きねいえやしち》女塾にも援助した。

晩年の１９２８（昭和３）年には女子経済専門学校（現新渡戸文化学園）の初代校長に就任。１９３１（昭和６）年からは女子経済専門学校附属高等女学校の校長を兼任する。

貴重な資料がある。１９３３（昭和８）年発行の東京・中野町誌。それには「中野町内所在公私立学校一覧」が載っている。

一覧表では「堀越高等女学校　学校長堀越千代」と「女子経済専門学校附属高等女学校　学校長新渡戸稲造」が並んで紹介されている。同時期に、ともに中野の地で女子教育に尽力していたことがうかがえる。この町誌発行直後だろうか。同年、新渡戸はカナダで帰らぬ人となる。

２人に接点があったのか、定かではないが、生涯にわたり教育に情熱を注いだ千代と新渡戸は同志と言えるのではないだろうか。

仙台に東北女子職業学校（現東北生活文化大学）を創設した三島駒治、よし夫妻。前列は来校したまたいとこの斎藤実、春子夫妻＝1928年（三島学園提供）

羽ばたく卒業生
——全国の教育界で活躍——

堀越千代の教え子たちは実学を身につけ、広く社会に羽ばたいている。特にも創立以来、教員養成に力を注いできた和洋女子大学。その成果は教員となった全国各地の卒業生らの活躍に見られる。

大妻コタカ
（大妻女子大学提供）

関口富左
（郡山女子大学提供）

和裁で業績を残した藤田トラのように母校の教員となって尽力した教え子や、千代の背中を追うように自ら学校創設に携わった卒業生も少なくない。

1908（明治41）年、東京・大妻女子大学の前身となる私塾を創設した大妻コタカをはじめ、福島・郡山女子専門学院（現郡山女子大学）の関口富左《ふさ》、長野女子短期大学の小林倭文《しずり》、大分・別府高等技芸学校（現別府溝部学園短期大学）の溝部ミツエ、鹿児島高等実践女学校（現志学館大学）の志賀フヂらと、その功績は全国に広がる。

郡山女子大学の創立者関口は、後に開学の経緯をこう振り返っている。

和洋入学当時、寮に入れなかった関口は東京・中野の千代の自宅に世話になった。

「私が学校を創ろうという気持ちになった一つの要因には、事によると堀越先生のところで、すぐお姿をお見かけしたり、先生にあれこれと話されて一緒に踊りを踊ったり、あるいはちょっと三味線をいたずらしたり、なんていうような楽しい時があったからかもしれません。私が和洋で学んで『あのような学校を』という思いが奥の方にあったんだろうと思います」

千代を慕う気持ちが学校創設の原動力となっていたようだ。

場所は仙台。新たな学園を築いた岩手県人もいる。岩手県奥州市出身の三島よし（1872～1950年）だ。

彼女は1903（明治36）年、同郷の夫三島駒治と共に「東北女子職業学校」（現東北生活文化大学）を創設する。夫婦二人三脚での学校運営は堀越修一郎、千代夫妻とも重なる。

よしの父菅節也は仙台藩留守家の重臣。同郷の元首相斎藤実とよしは「またいとこ」にあたる。学園経営にあたっては斎藤の力添えもあった。

よしは歌人を志し上京。結婚後、夫らの勧めで東京裁縫女学校（現東京家政大学）に学ぶ。さらに和洋裁縫女学校に入り、洋裁を修業。教員免許を取得したよしは小学校や女学校で教員を経験する。

その間、夫駒治は仙台に「東北法律学校」を創設。さらには「女子に実学教育を」と願い、夫妻で法律学校内に「東北女子職業学校」を開校する。31歳のよしが校長となり、和洋裁縫を中心とする実業学校として名を広める。

千代の裁縫の教えは、門下生により東北の地にも息づいている。

教員として岩手県内で活躍する卒業生も多い。ある時期「県内の家庭科教員は半分が和洋出身だった」と言われたほど。古里に戻った卒業生が母校の魅力を伝え、親子で、姉妹で和洋に進学する例も少なくない。

「和洋はあこがれでした」

そう語っていたのは２０２０年11月に亡くなった岩手県滝沢市巣子の元高校教諭藤田カツ子さん（当時78歳）。「母を褒めてくれた裁縫の先生が和洋出身だったんです。よく話を聞かされて育ちました」と生前、懐かしそうな表情を浮かべていた。

第5章

千代からの贈り物

校長堀越千代。日常は和装で、洋服をまとうことはなかった

面影〈上〉――一見控えめ　心は強く――

髪をきちんと丸まげに結い上げ、２枚重ねの着物に黒紋付きの羽織姿。生徒たちの記憶に残る和洋女子大学創設者の「堀越千代先生」だ。心身ともに筋が一本通ったような気品ある風情は「若者の及ぶところではなかった」という。

洋裁教育の第一人者でありながら、自身は洋服をまとわなかった。今に残る洋装写真は１枚のみ。生き方こそ進歩的だが、根本は奥ゆかしい日本女性そのものだった。

その一面がのぞくエピソードがある。

１９２３（大正12）年、関東大震災時のこと。64歳となった千代が教員らと共に原稿書きをしていると、突然家が揺れだした。すぐさま教員らは外に飛び出したが、千代がなかなか出てこない。遅れること、ばあやさんの背にもたれながら千代が庭に下りてきた。

何があったのか――。尋ねると、千代は顔に傷がつかないようタンスのそばに身を寄せ、袖で顔を隠していたという。

「この様な場合にも、ご自分のお顔を大事になさろうとした先生のお気持ちがうかがわれて一入《ひとしお》そのお人柄が好ましく思われた」と教員の一人が回想している。

「いつもしとやかで礼儀正しく、怒った顔を見たことがない」。生徒たちは口をそろえる。温厚で誠実。決して人とは争わず、厳格な夫修一郎にも逆らわなかった。

千代の門下で、後に大妻女子大学創設者となる大妻コタカはこう見ている。

「外面は徹底的に従順でありましたが、内面は飽くまでも剛毅《ごうき》勇敢邁進《まいしん》の御気性でいらしやいました」。さらには「校長先生の身をもってする無言の教育は同じ道を歩んでいる私の胸に今も尚強く刻まれております」と。

一見控えめながら心《しん》は強い。いかにも岩手県人らしい。

何事も求めてやまない探究心から、その日常は多忙なものだった。

雑誌「ムラサキ」（大空社）によると、千代は朝5時に起床し、夜10時に就寝。日中は大学の教授にあたり、夜は翌日の準備と読書の時間をつくっていたという。家事は「女中任せ」、服装は「別に趣味嗜好《しこう》なし」と飾らない回答が興味深い。

雑誌「家事及裁縫」（家事及裁縫社）からも、生活の一端が垣間見える。

「子供の世話をしながら、学校に通ふのは、中々苦しいことでした。夜は夜学から帰つて、主人や子供が眠つてしまつてから、一人起きて夜更けまで勉強したものです。その時の習慣がついてゐる故か、年をとつた今日でも、夜は三時間の睡眠をとれば体がしつかりするやうでございます」

日々培った努力の跡がうかがえる。

詩歌をたしなみ、旅行好き。旅先では卒業生と再会し、懇親するのが千代にとって何よりの「喜び」だった。

教え子とよく遊山にも出掛けた。弁当には決まって「きぬかつぎ」と「ゆで玉子」が入っていた。

生徒たちの前で訓話する堀越千代校長

面影〈下〉――人情あふれる教育者――

「人を信頼することから教育は始まる」

教育者堀越千代が説いた理念だ。

「○○さん頼みますよ」「私が生きている間、この学校にいてくださいね」―。人情あふれる言葉、相手を信頼する姿勢が生徒や教員たちの心をつかんだ。卒業後、教職員として母校に尽くした教え子も少なくない。

教育者の道は１８８７（明治20）年、男女洋服裁縫学校の教壇から始まる。千代27歳の時だった。

それから10年後の１８９７（明治30）年、自身で和洋裁縫女学院を立ち上げる。校長に就き、晩年まで和洋に尽くした。並行して、１８９８（明治31）年から約10年間は東京府教育会附属家事科伝習所の教員も務めた。

和洋では校長自ら和服、洋服の裁縫教授を担当した。裁縫を教える立場として、ことさら美しい着こなしは大切なこと。千代の端正なたたずまいは学生の鏡となった。

大教室での講義。細身で小柄な千代は、よく伸び上がって板書をしていたという。黒板の端から端まで静かに歩き、裁ち方図を描く。その板書に引く線は物差しを使ったかのように真っすぐな線だった。針を持てば縫い目は測ったかのような等間隔。千代のキャリアを物語っている。

和洋の評判を高めたのは先進の洋裁教育に加え、懇切丁寧な指導にあった。

卒業生は「和洋は先生も熱心だし、教わる方も熱心。指導は黒板の上からだけではないんです。一人一人手をとって教えていただくというところにあるんじゃないかと思います」と語る。

千代が築いた伴走型の指導は、現在の学園にも継承されている。

「キロキロとヘクトデカけたメートルがデシにおわれてセンチミリミリ」

このフレーズ。聞き覚えがある人も多いのではないだろうか。

尺貫法に代わるメートル法の覚え方。その移行期、千代もこの暗記法を生徒たちに教えていた。ところが「先生は『キロキロ』を『チロチロ』とおっしゃるんです」と教え子の談。ほほ笑ましい講義風景が浮かんでくる。

千代は著書のほか、論文や雑誌寄稿を通じて、広く社会に裁縫技術を伝えている。

著書には明治から大正にかけて出版された「和洋裁縫教本」（和服編、洋服編上下の全4巻）と、その後の研究成果を加えた「新撰和洋裁縫書」（和服編、洋服編上下の全

４巻）がある。

「和洋裁縫教本」は本来、卒業生の復習用にまとめたもの。本書和服編上巻の「緒言」にそう記されているが、生徒の教科書として使用されたほか、独習者や裁縫研究者の参考書としても歓迎された。

千代の功績は数々の表彰にも見られる。１９１２（大正元）年、文部大臣から金１５０円（現在の60万円相当）を授与され、１９２２（大正11）年には東京市教育会から２度の表彰を受ける。さらに１９２６（大正15）年、多年にわたる私学教育振興の功により勲六等瑞宝章を受章する。

和洋女子大学同窓生や教職員らでつくる千代研究会の井上百合子さん（70）は「努力、勤勉の人で教育への情熱を持ち続けた。誰もが言うように温和な性格だったと思うが、自分の意思で確固と道を切り拓いていった女性だったといえる」と和洋の祖に思いをはせる。

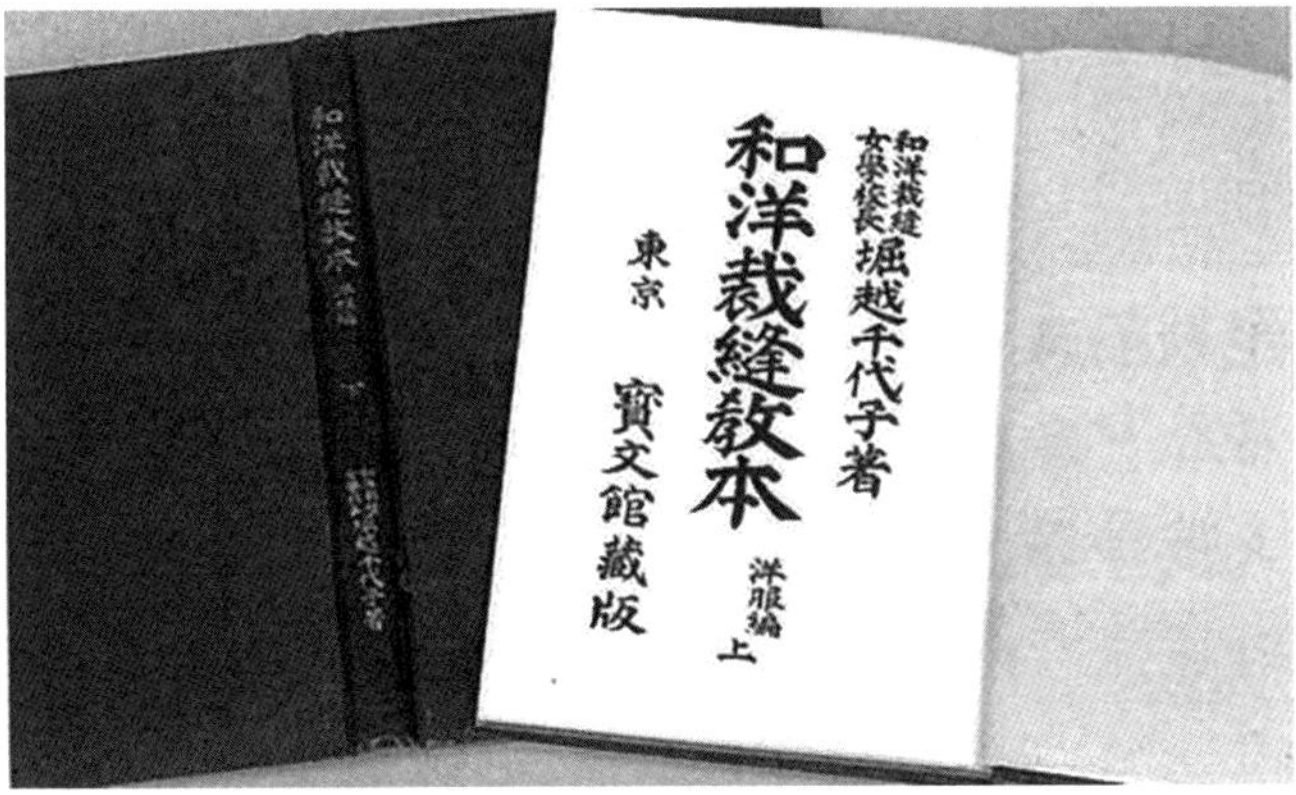

堀越千代著「和洋裁縫教本」。和服編、洋服編上下の全４巻で出版された

堀越千代の言葉が残されている和洋女子大学同窓会誌「むら竹」

メッセージ――羽ばたく女性後押し――

和洋女子大学の同窓会誌「むら竹」や著書、雑誌への寄稿論文などに和洋学園の学祖堀越千代の言葉が残されている。強く、優しく、時には厳しく。その一言一言は社会に羽ばたく女性たちの背中を押すメッセージといえる。

変革の時代を生き抜いた千代は女性たちに「個性の発揮」をうたっている。「むら竹」より。

「世界は改造されんとし生活は改善せられつつある大戦後の日本女子は、さしあたり研究し実行せねばならぬ事どもたくさんあります中に、最も緊急な問題は、旧来の因襲に捕らわれた生活から脱して、個性を発揮し力強く生きてゆくということでありましょう」

「即ち各自の性に適った業を修めて、その天稟《てんぴん》の才能を発揮し、良き成績を得て少なくとも己一人は生活し得るだけの才能の持ち主であってそれに強い意志とがあったならば、力強く生きてゆくことが出来ましょう」と勇気づけている。

和洋裁とも究めた裁縫の専門家は、技術習得の利を教え諭す言葉を多く残している。

「理想の家庭」（家庭博覧会）より。

「一般家庭の主婦たる者は、宜しく和洋両服の裁縫に熟達し、一方に於て一家の経済を図ると共に、一方に於て家庭の幸福を増進することを必要条件としなければならぬ、殊に裁縫は婦人の具ふべき、注意、忍耐、秩序、節倹等の諸徳を涵養するに多大の力あり」

さらに自著「和洋裁縫教本」では「裁縫は人の姿容を高尚にし、運動を自由にし、及衛生を完全にせしむる所の技術にして、又其中心点は審美的観念を養成せしむるにあり」と解説する。

教育者の視点から、和裁洋裁それぞれの課題にも言及。和服の構造はすでに進歩の極点に達しているが、裁ち方や縫い方の技術の研究はますます必要と指摘する。片や洋服は進歩途上であり、生徒の構成力や意匠力、思考力、想像力のほか、美的観念を養成するためにも洋裁教育は重要だと唱えている。

読書を日課としていた千代は偉人の言動にも刺激を受けていたようだ。

「文明人は家庭生活を楽しむ時間を持たなければならない、家庭は最高な最美な我が文明の産物である」

第26代米大統領セオドア・ルーズベルトの文言であろう一文を引き合いに、千代は持論を述べている。「むら竹」より。

「主婦が裁縫を嫌っては良人や子供に幸福な生活をせしめることが出来ましょうか」と問い掛け、さらには「世界第一の富を作られたビクトリヤ女皇でさえ皇子皇女の靴下は御手づからつくろいなされた」と英国の名女君の良風を例に、家庭における裁縫術の必要性を強調。「何時になってもいかなる時代が来ても、日本婦人の通性たる小まめに働くという美点を失わぬようにありたい」と望みを語っている。

一方で、「まず一家を整えることを主にしてそして婦人に時間の余裕をなるべく多くしたいのでございますから、改良に改良を加えなければなりません」と展開。合理性を求め、主婦の務めを軽減しようとする提言は、社会で活躍する女性らしい一面をのぞかせる。

千代は梅雨空を見上げながら、次のような一文を残している。嫌な天気と言う人がいて、慈雨と喜ぶ農家もいると。「人は皆立場によってその感想を異にするものです。各の立場に同情するとき、争いはないとおもいます」。千代の平和への祈りととれる。

『平和の天使』『幸福の使者』これは特に若き女性の持つ大きな使命であります」

一線を退き名誉校長となった77歳の千代が「むら竹」に寄せた講話につながる。英国の看護師フローレンス・ナイチンゲールの献身に触れ、次代を担う教え子たちに願いを託している。題「若き女性に寄す」。

「皆さんの若く美しい姿と形の上に、どうかどうか白百合のような清くけだかいそしてやさしい親切な心の持ち主となってください。皆さんのやさしい平和な心と行為とが、周囲の人々を真に幸福にし得るものであれかしと心から祈ります」

料金受取人払郵便

盛岡中央局
承　認

2087

差出有効期限
2025年5月
31日まで
（切手を貼らずにお出し下さい）

郵便はがき

0208790

100

（受取人）
盛岡市内丸3－7

岩手日報社

コンテンツ事業部 行

お名前

ご住所　〒

年　齢　　　　歳

・小学生　・中学生　・高校生　・一般（ご職業　　　　　）

電　話

※個人情報はご注文の書籍発送や新刊等のご案内以外には使用いたしません。

＊　「岩手日報社の本」愛読者カード　＊

このたびは「岩手日報社の本」をご購入いただきありがとうございます。今後の参考にさせていただきますので、下記の項目にご記入ください。第三者には開示いたしませんので、ご協力をお願いいたします。

書名

■この本を購入したきっかけを教えてください。

1. 店頭で実物を見て（①表紙　②内容　③帯のコピー）
2. 著者のファン　　3. 友人・知人から
4. 岩手日報の広告・告知記事
5. 書評・紹介記事（新聞・雑誌名　　　　）
6. インターネットのレビュー（サイト名　　　　）
7. その他（　　　　）

■この本についてのご感想ご意見をお書きください。

ご感想は小社の広告等に匿名で掲載させていただく場合があります。

エピローグ

和洋女子専門学校名誉校長時代の堀越千代。晩年もりんとした姿は変わらない

「女性の自立」を体現

日本の近代女子教育が歩みを始めた明治、大正期。東京に「和洋裁縫女学院」（現和洋女子大学）、そして「堀越高等女学校」（現堀越高校）を創設した堀越千代の功績は大きい。先取的な発想で「女性の自立」を掲げ、時代をリードする洋裁教育を採り入れ、近代的な女性を育て上げた。

大正の終わりに学校の草創期を思い起こした千代の言葉がある。

「すべて生活の様式が進歩発達して行く今日最も目立って変化いたしましたのは何と申しましても衣食住三つの中、衣服でございましょう、男女児服は申すまでもなく、洋装のご婦人が追日多くなりつつあることでございまして、私が三十年前この学校を創立いたしましたときの抱負が今日実現されたようで誠に内心喜びに堪えません」（和洋女子大学同窓会誌「むら竹」より）

時代の趨勢《すうせい》を感じながら、千代は和洋の校長を75歳まで、堀越の校長は84歳まで務めた。大きな心の支えだった夫修一郎を1918（大正7）年に亡くしながらも、後年まで踏ん張ることができたのは教育への強い情熱と、その翌年に生まれた孫克明の存在が大きい。

後に堀越高校第3代校長となった克明の長女で学校法人堀越学園の堀越由美子副理事長（69）は「父は千代さんにとっての初孫。『かっちゃん、かっちゃん』と、ものすごくかわいがってくれたと聞いている」と述懐する。

「一生涯勉強」と貪欲に、晩年になっても学び、教えることへの意欲が冷めることはなかった。

名誉校長となった後も度々、教場の空席に生徒と並んで講義を聞く姿があったという。齢《よわい》80になって初めて謡曲の稽古も始めている。彼女にとって勉強こそ人生に張りを与えるものだったに違いない。

千代は東京・麹町《こうじまち》区飯田町（現千代田区富士見）から移り住んだ豊多摩郡中野町（現中野区）の自宅を戦災で失う。その後は焼け残った和洋九段校舎の小さな一室に住まう。盛岡市出身のめいで、学校事務をしていた桑原アイと生活を共にしていた。

狭くて不自由のある暮らしだったが、「九段の校舎は自分で建てたのだから一番いい」と意にも介さなかった。桑原が高齢の千代の身の回りを、よくきめ細やかに世話していたという。

和洋女子専門学校が千葉県市川市に移転した後も千代は九段に残った。

大好きな風呂には坂道もいとわず通った。時には旅行に出掛け、神田の祭りを見に行き、桜の頃には「アイちゃん、お花見に行こうよ」と上野に足を延ばした。日本人らしく桜が好きだった。常々「桜の花の咲く頃に死にたい」と言っていたという。１９４８（昭和23）年４月４日。ちょうど桜が咲く季節、千代は言葉通り永い眠りについた。享年90。

この世を去る少し前のこと。千代はさりげなく服装を改め、後任の稗方《ひえかた》弘毅の校長室を訪れている。よもやま話の後、感謝と満足の意を伝えていったという。

その頃、千代は自身の寿命を感じ「寒い間にもしものことがあればみんなに迷惑を掛ける。せめて陽気のよい春まで生きていたい」と話していたようだ。

岩手が生んだ近代女子教育の先駆者は、桜並木が望む東京都台東区の谷中霊園に眠っている。法名「慈観院春屋妙照大姉」。古里盛岡の正覚寺《しょうがくじ》には、彼女の偉業を伝える顕彰碑が立っている。

和洋女子大学に今も息づく千代の遺徳「和洋魂」や和やかな空気を、卒業生らは「千代の贈り物」と大切にする。

家庭を切り盛りしながら教育者として社会に立つ千代の姿は学生たちの手本となり、「女性の自立」を体現する姿は現代社会を生きる女性たちにも勇気を与えてくれる。

忍耐と岩をも通す一念をうちに秘め、激動の時代を駆け抜けた堀越千代。

まさに岩手の象徴「石割桜」のような人だった。

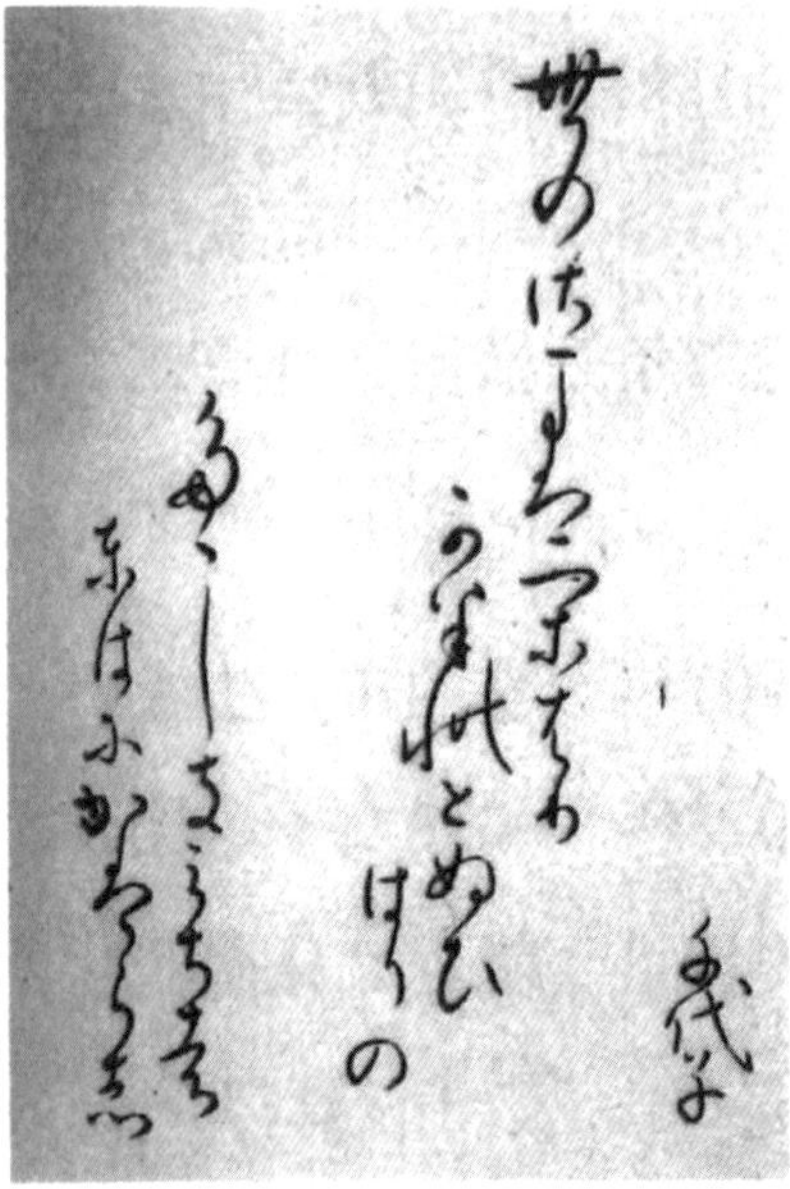

堀越千代の書と歌。「世のさまはかはりかはれとぬひはりのたゝしきみちはとはにかはらし」。裁縫への深い思いが伝わってくる

堀越千代を語る

特別インタビュー――浅田次郎さん――

幕末に盛岡藩士の娘として生まれ、後に和洋女子大学の前身「和洋裁縫女学院」を東京に創設した堀越千代。彼女が幼少期を過ごした古里、盛岡上田組町の風景は浅田次郎さんの小説「壬生義士伝《みぶぎしでん》」に描かれた時代背景に重なる。浅田さんの母親は千代が開学したもう一つの学校、堀越高等女学校（現堀越高校）に通った生徒でもある。変革期の城下町で、千代はいかにして学問への情熱と夢を膨らませていったのか。浅田さんに女子教育の先駆者を育んだ風土を探ってもらった。

浅田次郎さん
©講談社／森清

浅田　次郎（あさだ・じろう）

作家。1951年東京都生まれ。1997年「鉄道員（ぽっぽや）」で直木賞、2000年「壬生義士伝」で柴田錬三郎賞、2010年「終わらざる夏」で毎日出版文化賞、ほか受賞多数。奥州街道を舞台にした「流人道中記」や、「蒼穹の昴」「プリズンホテル」などのシリーズでも多くの読者を魅了している。近著に「母の待つ里」がある。

学問の志を育んだ盛岡

実は私の母は堀越高女の出身。昭和16、17年あたりに通っていた。その頃の生徒は（戦時下で）ほとんど学校に行かず、工場に動員されていた。最初の1年は行ったかな。工場に通って日曜日一日が授業。だけどみんなくたびれているから先生も気の毒に思って寝かせてくれたそう。だから何も勉強していないというふうに言っていました。

堀越千代さんは上田組町の生まれということだが、「組町」という名前がついたら、それは下級藩士の家。

盛岡の上田を訪れた時、感動したというか、うらやましいと思った。東京には昔をしのぶ縁《よすが》がないから。あのストレートな街並みが残っていて、真ん中には正覚寺《しょうがくじ》があって、ものすごく分かりやすい。

道路を変えていないせいだろうか、盛岡はそういうポイントが多い。岩手山があって、そこから自分でズームアウトしていくとCGみたいに盛岡の街が広がる感じ。あの景観。盛岡の人たちは幸せだと思う。

私は再三盛岡に通った。人と会って、話をして（「壬生義士伝」に登場する）吉村貫一郎のキャラクターをつくっていった。だから一本気で、生真面目で、ちょっとせこいかなという人物が生まれた。たぶん風景のように、人間の本質というのも変わらないと思う。

一般的に藩校に通えるのは上士の子。下士の子は一般庶民と一緒に寺子屋に行くというのが普通のパターンだった。実は武家社会の中でも上の方の侍と下の方の侍はかなり差別されていた。

女子も学べる環境にはあった。たぶん千代さんも寺子屋に通っていたと思う。寺子屋の史料は割と残っていて、ほとんどが男女共学。意外なもので日本は男女同権なんです。ただし論語を教えるわけだから「男女席を同じうせず」。真ん中で男、女に分けていた。

寺子屋というから先生はお坊さんかというと、そうではない。それ以上にリタイアした侍がいた。地域の子弟に読み書きを教えようと志があった。利益を得ようとは思っていない。それに対して生徒はできる限りの大根やお米を持っていって学ぶ。そういうのが大切なこと。

明治元年に上京したとすれば、かなり早い。9歳で志を立てたとは思えないので、誰か大人に連れて行ってもらったとしか考えられない。

ただ今の感覚で昔の人の人生を判断してはいけない。昔は40歳でリタイアするわけだから。幕末の志士たちがまだ20代、30代で国を動かしたというのは実は当たり前のこと。だから今の9歳とはたぶん違う。人生50年と計算するだろうから、勉強するのだって何か習おうとしたって、すごいハイペースでやっていたんだと思う。

今でもそうだが、盛岡は文教都市だ。城下町に多いことだが、人口が密集していて寺子屋の数も多かったから識字率が圧倒的に高かった。だからそこに育ったというのは彼女にとって有利だった。

上京するにあたっても、もっと学問をやりたいとか、江戸に出て仕事をしたいというような年上の人が周りにいたかもしれない。そういう人間関係の中で、チャンスに恵まれた。上京して学問を志したというのは盛岡人のパターン。新渡戸稲造らのようにね。

（談）

特別対談
堀越千代を語る

2021年11月9日、盛岡市・盛岡グランドホテル

千葉県市川市の和洋女子大学は2022年9月27日、創立125年を迎える。この節目を記念して、学校法人和洋学園は2021年、大学の創設者堀越千代の故郷、盛岡市で谷藤裕明盛岡市長と長坂健二郎理事長の特別対談「堀越千代を語る」を行った。千代の顕彰碑建立に尽力した原敬記念館元館長で岩手県公立学校退職校長会会長の木村幸治氏（盛岡市在住）をコーディネーターに迎え、千代が現代に残した功績を語り合った。その様子を伝える。

【出演者】

盛岡市長　谷藤裕明氏

学校法人和洋学園理事長　長坂健二郎氏

コーディネーター　岩手県公立学校退職校長会会長　木村幸治氏

谷藤　裕明氏
（たにふじ・ひろあき）
早稲田大学卒。１９９１年から岩手県議を３期務め、２００１～２００３年議長。２００３年盛岡市長に初当選し、現在５期目。71歳。盛岡市出身。

長坂健二郎氏
（ながさか・けんじろう）
東京大学卒。１９５９年日本銀行入行、考査局長などを歴任。１９９４年萬有製薬代表取締役社長。２０１５年学校法人和洋学園理事長。この間、日本経済調査協議会理事長、ＯＥＣＤ諮問委員会（ＢＩＡＣ）委員など。86歳。東京都出身。

木村　幸治氏
（きむら・こうじ）
岩手大学卒。花巻市・石鳥谷中、盛岡市・北松園中校長、原敬記念館館長を経て原敬を想う会事務局長、岩手県公立学校退職校長会会長。２００６年４月から12月まで、岩手日報で企画「原敬日記をひもとく」を連載。80歳。岩手県花巻市出身。

木村氏　堀越千代先生が学制頒布50年記念で表彰されたのが大正11年（１９２２）年11月。２０２１年はちょうど99年目にあたります。来年は和洋女子大学創設１２５年、表彰１００年を迎えます。最初に長坂理事長にお願い申し上げますが、学校に洋裁教育を採り入れ、日本の女子教育を切り拓いた千代先生が創設した和洋女子大学に今も受け継がれている「千代の精神」とはどのようなものでしょうか。

長坂氏　では、口火を切らせていただきます。堀越千代先生が「和洋裁縫女学院」、今の和洋女子大学の前身ですが、これを開設したのが明治30（１８９７）年です。一言で言うと「女性の自立」を目指して開校したわけです。明治30年ごろのわが国の状態を振り返ると、ちょうど明治維新の体制が整い、また国力も順次上がり、いよいよこれから先進国を追い掛けるという時代でした。欧米の現状と日本の現状を比べると、まだまだ日本は後れが目立つ状況でした。そこで、千代先生は「人口の半分が女性である。その女性の力を十分に発揮しなければ、なかなか欧米に追いつくことができない」とお考えになったようです。今で言えば「個」の確立であり、男性優位な社会に女性の力を加えるということでしょう。この「女性の自立」は、今なお今日的な課題で、決して完成された、到達されたというものではありません。皆さんもご存じの通り、日本のジェンダーギャップ指数は世界で１２０番目という状況ですから、まだまだということです。

しかしそれを、明治30年代に気がついて、その解決に向けて努力をされたという創設者千代先生のご炯眼《けいがん》には、ただただ敬服するばかりです。

木村氏　堀越千代先生が生まれた幕末期は封建的で女性教育への意識が低い時代でした。当時の岩手県の教育環境はどうだったのか、少し触れさせていただきます。藩制時代、正式な学校に相当するものは藩がつくった藩校だけでした。入校は中級以上の武家の男子でしたから、藩校に入る人数は少なかったと思われますが、盛岡には作人館と日新堂の二つありました。そのほかに、郷校という分校のようなものもあり、一関、花巻、福岡にそれぞれありました。下級の武士は寺子屋に通うことが多く、庶民も寺子屋に入りました。寺子屋は盛岡藩でかなり普及しており、明治初めから中期で調べたところ、盛岡には52校ありました。仙台藩まで合わせれば岩手県には１０５２ぐらいありました。そのほか漢学塾と算数の塾もありました。イメージとして、武士の社会で学力などの浸透が低いように思われますが、そうでもないのです。日本古来の侍は表に向き、家で衣食住を担当するのは主婦、家庭の教育も主婦でした。それを証明する話として、新渡戸稲造《にとべいなぞう》がおります。新渡戸は「武士道」を書きました。これは明治33（１９００）年、米国から英文で出版しましたが、明治22（１８８９）年、新渡戸が27歳のまだ独身の時です。ドイツ留学中でベルギーの法学者ド・ラブレー博士と散歩をしている時、

「宗教教育のない日本でどうやって道徳教育を授けていますか」と尋ねられ、新渡戸は答えることができませんでした。結婚して妻からも同じようなことを聞かれ、答えることができませんでした。それから考えに考えて出版したのが「武士道」でした。新渡戸はなぜ、これができたかといえば、新渡戸は叔父の太田時敏《ときとし》の家に養子に入りました。太田は盛岡藩の家令であって、優れた武士でした。彼のもとで生活して気づいた内容が「武士道」でした。原点はこうしてみれば、盛岡藩、仙台藩もそうですが、特にも盛岡藩では家庭での実践、教えが浸透していたといえます。父親は武士の生き方、母は家族の生き方を教えていました。盛岡藩の家庭教育はかなりしっかりしていたのではないかと感じています。

さて、千代先生が活躍したのと同じ頃、盛岡出身の原敬や新渡戸稲造、米内光政が国内外で活躍しています。同時期に盛岡から日本を背負う偉人が多く輩出されたのはなぜでしょうか。いろんな方からこういう質問を受けますが、谷藤市長、いかがでしょうか。

谷藤氏　今お話しにあった通り、盛岡藩は戊辰戦争で幕府側に付いて敗れたわけですが、その後、賊軍と汚名を受けました。その無念を晴らすために次代を担う青少年の育成に力を入れました。武家の子息が学ぶ藩校は「『これからは江戸に出て、学問で敵を討て』と教えられた」といわれています。また、庶民の子が学ぶ寺子屋は江戸時代の末期には20余りあったといわれていますが、その後、かなりの数に増えていったようです。堀越千代先生が学んだ頃には、寺子屋に通う女子も徐々に見受けられるようになっていました。明治維新後、盛岡藩から多くの若者が学びに希望を抱き、生きる道を求めて上京した背景には、こうした教育事情があったわけですが、たくましく、辛抱強い盛岡藩士の武士魂も多くの偉人の輩出につながっているのではないかと思っています。

木村氏　堀越千代先生が学んだ寺子屋はたぶん、上田組町の一方井塾ではないかと想像します。原敬が学んだ寺子屋は四つぐらいあるといわれています。今、谷藤市長がお話しなさいましたが、なぜ岩手県から多くの偉人が輩出したかについてはお聞きのように、戊辰戦争の悔しさをばねにしたとされています。今の時代ではそういうことは、なかなか理解できないかもしれませんが、当時、盛岡藩は朝廷に尽くした藩でした。しかし、いわれもなく朝敵賊軍にされて、当時の人は「悔しい」「何とかして屈辱を晴らしたい」と思いました。そして、戦争に負けた藩が立ち直るために、何に全力を尽くしたかといえば「教育」「人づくり」です。人づくりに全力を挙げて雪辱をしようということが支えになりました。特に心の支えになったのが、主席家老楢山《ならやま》佐渡《さど》です。楢山は正義の戦いをしながら責任を取って切腹しました。尊皇、正義の思想を原敬や米内光政が引き継いだのではないかと思うのです。これは何で証明されるかといえば、原敬は大正6（1917）年9月8日に戊辰戦争殉難者五十年祭が営まれた際、次のように祭文を読みました。「盛岡にて　戊辰殉難者の五十年祭を営みける時　祭文を求められ　余は戊辰戦争は政見の異同のみ　誰か朝廷に弓をひく者あらんや　と云ってその冤《えん》を雪《そそ》げり『焚く香の　煙のみだれや　秋の風』」。政見の異同だけだと。このようにはっきりと朝敵ではないと宣言したのは東北では岩手県だけです。それ以来、岩手県から多くの偉人が輩出されました。おそらく、そういうことをばねにしたのだろうと思います。

そして心の支えは、やはり岩手山。雄大な、包容力のある、厳しい自然にきりっと立つ岩手山。千代先生は上田組町生まれですが、あそこは新しい町名では富士見町というくらい、岩手山がはっきりと見えるところです。千代先生はおそらく岩手山を心に抱きながら上京して大成したのではないかと思っています。

次にまいります。和洋女子大学の創設者堀越千代先生について、長坂理事長は学生たちにどのようにお伝えしていますか。

長坂氏　堀越千代先生の素晴らしい点は、「女性の自立」という非常に高い理想を掲げながら、同時にそれに至る柔軟で現実的な解決策を用意しておられたということです。単なる高い理想だけですと、空理空論に終わってしまいますが、実際には「女性の自立」のために何が必要か、これがやはり経済的な自立なくして実現は難しいとお考えになりました。当時、女性が最も一般的に現金収入を得る道は裁縫でした。従来、和裁を教えるところはたくさんありましたが、それに新しい時代の洋裁を加え、学校を開いたわけです。つまり、理想を実現するために具体的な対策を講じられたというところが、私たちが学ぶべきところではないかと共有しているところです。私たち和洋学園の前身は明治30（1897）年の創設ですが、ちょうどその頃、千代先生に触発されたかのように、明治32（1899）年には下田歌子先生の実践女子大学、明治33（1900）年には津田梅子先生の津田塾大学、吉岡彌生《やよい》先生の東京女子医科大学、明治34（1901）年には成瀬仁蔵先生の日本女子大学、明治36（1903）年には嘉悦孝先生の嘉悦学園、同じく山脇房子先生の山脇学園、さらに三島よし先生の東北生活文化大学など、一斉に女子教育が花開きました。先生方が出席して語らう校長会を千代先生が組織され、ご自宅の庭で年3回集まって、同志的結束を強めていったようです。つまり、高い理想と現実的な実現策の二つがそろっているのが千代先生の優れている点であると私どもは理解しています。

木村氏　2021年、岩手日報紙上で半年にわたり堀越千代先生の功績を伝える連載「自営の心」が展開されました。先ほどの長坂理事長のお話にも関連しますが、男性優位とされた当時、なぜ千代先生のような女性の自立を進める教育者が生まれたのでしょうか。

長坂氏　ちょうど世の中は変わりつつありましたが、まだまだ明治30年代は古い伝統が残っていました。社会でも家庭内でも、女性は男性に従うという形でした。服装の面においても、和服が中心。当時の写真を見ると、女性はほとんど和服で、洋装の人はほとんど写真に写っていません。しかし、堀越千代先生は洋服の時代が来ると見通しておられました。まず、洋服は和服に比べて動きやすい。二つ目に値段も安い。洋服に切り替えて大いに社会活動を活発にすべきだとお考えになったのです。単なる洋装、和装の問題ではなく、一種の社会改革運動だったわけです。その考えを直接そのままぶつけるのではなく、まず洋裁を教えるところをつくり、それを段々に全国に広げていく。これはいわば新しい教育活動でもありました。こうして、わが国では女性の地位がゆっくり向上し始めました。

木村氏　谷藤市長は、どのように想像されますか。

谷藤氏　岩手日報に掲載された「自営の心」は私も毎週楽しみにしていました。当時の女性には家庭での役割が求められ、学問は不要と考えられていましたが、やはり人間は誰もが学ぶことの意義や楽しさを本能的に知っているわけです。学ぶ機会が広がるにつれ、堀越千代先生のように学ぶことに生きる希望を見いだす女性が増えていったのだと思っています。女性たちは並大抵ではない苦労を伴いながら、学ぶ機会、そしてまた社会に触れる機会をつかんでいったのではないでしょうか。女性の社会的地位を向上させるという動きが生じるのは自然の流れだったということだと思います。もっとも、女子教育への意識の高まりもありましたが、女性が社会の中で身を立てていくのは難しかった時代。当時の女性が身近に感じていた裁縫に着目し、まだ珍しかった洋裁を教育に採り入れるなど、時流を的確に捉える千代先生の才覚には驚きます。

木村氏　お二人からお話があったように、堀越千代先生が和洋の中で洋裁を取り入れたとお聞きして今、明治20年から22年あたり、千代先生が28歳から30歳の頃にフランス人のホフマンからフランス式洋服裁縫を学んだことが大きな動機付けとなり、学校開設のキーワードになったのではないかという気がします。しかし、新しい技術を得ても、世の中はまだ和服の時代です。いろいろな抵抗や批判があったのではないかと思いながら、千代先生の当時のお気持ちを確かめたいと探して見つけたのが、大正10（1921）年6月20日発行の和洋女子大学同窓会誌「むら竹」です。ここに先生が執筆なさっており、次のように書いてあるのがすごく心に響きました。「これは一足飛びに男子のように洋服にせなければならぬということになります。それが日本婦人には似合わないとの非難がございますが幼少の時から着なれたならばよく似合うことと思われます」「子供はうちも外も洋服で押し通すようにしたい学校ばかりでなく家にいる時も洋服で通し、他所行きも洋服を着せる、これからの主婦はこの位な自信がなくてはなりません」と、ここにしっかりと決意を書いているのはすごいなと思いました。動機付けと、決心と、先を見通す力。これが学校開学への大きな動機になったのではないかと思います。

次に進みます。古里を離れて東京の地で活躍した千代先生が地元盛岡であまり知られていないのはなぜでしょうか。これは少し解説します。まず、盛岡出身で、東京で学校開設した人は、この他にもいます。菊池武夫は原敬の2級先輩で、盛岡藩校作人館の同級生です。中央大学の設立者の1人で、中央大学初代学長になった人です。彼の名前は昔から盛岡で知られています。千代先生の名前は、なかなか顕彰碑建立前には分かりませんでした。なぜだろうと考えました。想像ですが、東京で大成しても戊辰戦争直後の状況で盛岡の実家がなくなり、ほとんど帰省しなかったのではないかと思います。そして、教え子たちも明治時代にはあまり盛岡にいなかったのではないでしょうか。東北で教え子が学校を開校したのは仙台の三島学園のところで止まっています。従って、知ら

れないままにきましたが、昭和30年、40年、50年ごろは和洋女子大学出身の高校の家庭科の先生が多くおられました。ただその時、私たちは和洋女子大学と千代先生が結びつきませんでした。そして、やはり研究者もおらず、千代先生を研究しないまま今に至ったのではないかと思います。これから私たちがすべきことは、知られていなかったことの研究よりも、今後知られる方策を考えることと行動が必要だと痛切に感じています。

　千代先生を岩手に広めたのは理事長の長坂健二郎さんであり、むら竹会和洋女子大学同窓会会長の髙梨禮子さん（東京都在住、１９６７年卒）であり、むら竹会和洋女子大学同窓会岩手県支部長の菊池房江さん（岩手県花巻市在住、１９７３年卒）であり、そして多くの県民にＰＲしたのは岩手日報の連載「自営の心」です。これらの方々の努力によって、かなり知られてきたなという実感を持っています。

　浅田次郎さんの小説「壬生義士伝《みぶぎしでん》」で知られる盛岡市の正覚寺《しょうがくじ》に千代先生の顕彰碑があります。この碑は２０１６（平成28）年、学校法人和洋学園が創設１２０周年を記念して建てたものです。建立に当たって、いろいろな苦労があったと思いますが、どのような思いで、どのような気持ちを込めて建立なさったのでしょうか。建立に携わった長坂理事長、お願いします。

長坂氏　明治時代の話に戻りますが、当時は女性に学問はいらないという風潮が一般的に支配していました。その中において、女性のための学校を開くのは大変な勇気がいることでした。おそらく、つらいとき、苦しいときも多々あったと思います。そんな時に堀越千代先生は故郷の山や川を思い出して慰められ、また新しい勇気を得られたに違いないと拝察します。

さて、その故郷の山、岩手山を望む地を正覚寺さまがご提供くださいました。誠にありがたいことです。そこで、私たちは「女性の自立」という揮毫《きごう》を谷藤市長から頂戴し、顕彰碑に彫らせていただきました。形は遠くに望む岩手山の山容を写したものです。千代先生は何分にも若い時に東京に出てしまったため、出身地岩手にあまり縁《よすが》がないのです。そこで私たちは顕彰碑に千代先生の魂の古里になってもらいたいとの願いを込めました。千代先生は和洋女子大学の創設者であると同時に、わが国の女子教育の大先達ですから、そのことを地元盛岡、岩手の皆さんにも知っていただきたいと思いました。私たちは、これからも手を緩めることなく、千代先生の功績を一人でも多くの同郷の皆さんに知っていただくべく、広報活動を続けてまいりたいと考えています。

木村氏　堀越千代先生は、上京したのが9歳とされ、ずいぶん苦労して東京に行ったのだろうと推察されます。18歳で30歳の堀越修一郎さんと結婚。今で言えば後妻に入りました。修一郎さんは先妻に先立たれ、その時生まれたばかりの長男千秋を連れての再婚でした。私はその時の千代先生の心境をいつも思います。どういう気持ちだったのだろうか。ただ生きるためだったのだろうか。何だったのだろうか、と。修一郎さんは仙台藩の藩校養賢堂《ようけんどう》の秀才で、15歳で助教（教員）になりました。恩師で漢学者の大槻磐渓《おおつきばんけい》に教えを受け、漢籍が得意でした。彼のおかげで千代先生は家庭で勉強し、「教育」で何とかして国を良くしようという気持ちに火が付いたのだと想像します。ご自身でいろいろ勉強して、洋裁の技術を身に付けて達成しました。涙が出るくらい努力した方だなと思います。

そして正覚寺に建立した8月27日、座って顕彰碑を見ている時、突然、千代先生の顕彰碑の方からアゲハチョウがふわっと飛んできたのです。私は一瞬、夢か幻かと思いましたが、菊池房江支部長と「チョウチョ、飛んできましたね」「私も見ました」と言葉を交わしました。チョウは魂を運んでくると一般的にいわれています。だから、千代先生の魂が来たのではないかとひそかに思って、この建立に感謝していました。正覚寺の住職柴内興信《こうしん》さんと大黒さまの柴内富子さんのご協力によって、顕彰碑を造ることができました。私たちが建立のお願いに行った時、「千代先生は上田組町出身だから過去帳に書いてあるはず。過去帳を全部見せてほしい」と申し出たところ、「全部見るのですか。膨大ですよ」と言われました。「ただ、江戸時代に火事があったので欠けているところもありますよ」とも。私は「それでもいいです」とお願いして見せてもらいました。結果、千代先生の名前はありませんでした。本寺にもなかったのですが、和尚さんは「上田組町生まれなら正覚寺が引き受ける」と言ってくださいました。正覚寺の正面玄関を入った左の方に空き地があったのです。一番いい場所に、まるで千代先生を迎えるかのように空き地がありました。正覚寺は浅田次郎さんの小説「壬生義士伝」の主人公吉村貫一郎と妻しづさんが出会う場所です。貫一郎は小説では上田組町出身で、貫一郎のせりふに「盛岡の桜は石を割って咲ぐ。盛岡のこぶしは北さ向いて咲ぐのす」とあります。これも不思議な縁だなと思いながら建立していく姿を見ていました。

顕彰碑に何と書いたらいいだろうと、長坂理事長と相談しながら考え、谷藤市長にお任せしようということになりました。谷藤市長は「女性の自立」と雄渾《ゆうこん》に揮毫されました。千代先生が目指した女子教育はまさに時代の先端をいくものでした。現代社会にも通じ、学ぶべき千代先生の理念をどうお考えになって「女性の自立」と揮毫なされたのか、谷藤市長にお伺いします。

谷藤氏　顕彰碑の揮毫の話をいただいて、私なりに今まで堀越千代先生が歩んできたことからして「女性の自立」という言葉を重く受け止め、揮毫させていただきました。建立に当たっては千代先生が約１５０年ぶりの「里帰り」になったと伺いました。幼くして父親を亡くし、決して恵まれた境遇ではなかったにもかかわらず、学問への揺るぎない志を秘めて生涯にわたって教養を積んだ千代先生の姿を思い、この言葉が現代の女性を勇気付けてくれることを願って筆を執りました。千代先生が一生をささげた、品性のある自立した女性の育成は新たな時代を切り開く信念、そして晩年になっても学びへの情熱を燃やし続けた盛岡人らしい勤勉さと意志の強さがあってこそ成し遂げられたものだと思います。変化の激しい時代を生きるよすがとして、私たちも受け継いでいきたいと思っています。

木村氏　それでは長坂理事長に対談を通し、結びの言葉をいただきたいと思います。

長坂氏　堀越千代先生は明治の古い時代に「女性の自立」という、おおよそ当時では受け入れられないような高い理想を掲げて、その実現に猛進された素晴らしい日本女子教育の大先達だと思います。千代先生のご遺志を継いで、まだ日本の社会は十分に「女性の自立」は果たされていませんので、私たちはそれに向けて努力を続けてまいります。同時に、高い理想を現実的に解決しようと知恵を働かせながら問題に取り組んだ千代先生の人生をもう一度学び直し、一人でも多くの地元の皆さんにご理解を深めていただければ幸いと存じます。

木村氏　谷藤市長、最後にまとめの言葉をいただきたいと思います。

谷藤氏　堀越千代先生は大変厳しい時代の中で、先を見通しながらも「女性の自立」への道を着々と進め、それを成し遂げていったということです。この素晴らしさに感動しているところです。盛岡の出身者として、それを高く評価をしながら多くの市民に知っていただくことが必要だと感じています。

木村氏　最後に補足ですが、長坂理事長、髙梨禮子さん、菊池房江さんが堀越千代先生を盛岡に迎えたいという熱意が大きな動機となり、顕彰碑の建立に至りました。そして、岩手日報の連載は岩手近代教育史に大きな足跡を残したと感じています。そして何より、千代先生の教えが和洋女子大学につながっています。千代先生は１２４年前に大学創設のきっかけとなったフランス洋服裁縫の技術を社会に広めていきました。私が見て感じるのは、言うなれば、これは現在の「Society（ソサエティー）5・0　人工知能（ＡＩ）の時代」です。ソサエティー1・0は狩猟社会、2・0は農耕社会、3・0は工業社会、4・0は情報社会。ソサエティー4・0の情報では日本は立ち後れました。ですから、日本はソサエティー5・0に全力を尽くさなければならないという時代です。それは何かというと、言われたことをやるのではなく、自ら動機付けをして、いろんなことを行うこと、新たな価値を創造する力、責任ある行動を取る力、対立やジレンマを克服する力です。千代先生は124年前にこういうことを成し遂げた方です。それが脈々と和洋女子大学に息づいているということは、卒業生の皆さんはそういう精神を引き継いで、今求められているソサエティー5・0を先取りしながら、先導的教育を行っていたということです。そこが私は素晴らしいと感じています。そして、創設者を顕彰しながら現在の教育を膨らませるという長坂理事長の大きな考えに感動しております。本日はご多忙のところ、対談にご協力いただき感謝申し上げます。

和洋学園創設125周年に堀越千代先生を偲ぶ

和洋女子大学学長　岸田宏司

およそ自身が巡りあう場や人は自分の期待と異なるのが一般である。そのことをどう受け止め、行動するかは、その人柄で変わる。自分の欲することが叶わず、そのことで悶々《もんもん》とし、何もなせないことも多い。和洋学園創設者、堀越千代先生は自身の置かれた状況で自身の思いが遂げられない場合、潔く自身の思いを後回しにせよと言われる。まず自身に課せられたことに誠心誠意を尽くし対処すべし。加えて、やるべきことの水準を高め合理的に成し遂げる工夫を強く勧めている。そしてやりくりして生まれた自由な時間と場所を使い取り組みたいことを存分に「なしなさい」と励ます。

身の回りの仕事を放置することはならぬ、そしてさらにならぬのは身の回りの仕事に埋もれ、社会を見ない姿勢であると指摘し、外の社会を見極める教養を高め続けよと生徒に求めている。また、やるべきを成さず、読書や音楽に興じるのは「論外」と嗜《たしな》めている。

ここに紹介した堀越千代先生の言葉は大正5年から昭和11年までの20年の間にわたっ

て同窓会報に寄稿された「論説講話」から引用したものである。在学生はもとより、卒業生にも自身を律し、国家、社会に資する術を多彩な言葉で伝えている。いずれの言葉も今を生きるわれわれを導く内容であり、色褪《あ》せることはない。

その中でも眼を引くのは女性の品性について紙幅を割いて説明していることである。品性のある人は自重心に富み、その自重心は意念（意志）、勇気、忍耐の美徳を生む。品性を備えた女性は近代日本の社会改良の原動力となり、品性は金銀珠玉にも勝る価値がある。しかし学校の学びに加え、自己の修練が不可欠と生徒、卒業生を鼓舞している。この精神は令和の今も本学の教育目標として、自立の精神とともに受け継がれている。

また会報に次の一文もある。花屋で購入した一輪の蓮《はす》が、次の日に花器の中で見事な花を咲かせる姿を見て、美しいというよりも、むしろ一種哀傷ないし悲壮の感を覚えると述べ、「如何なる境遇にあっても、自己の使命を立派に果たして行くところに涙ぐましいまでの貴さがある」。翻って、場所、境遇が変わっても自身のなすべきことを果たせる人間になりたいと結んでいる。

盛岡に生まれ、幼い時に東京に居を移し、苦労の中でも立派に暮らし、学びを続けて教育者となった堀越千代先生の半生から生まれた人生訓である。和洋学園に集う学生、生徒にはこのたおやかでいて、一本筋の通った潔い生き方を学べる環境を整えることに私は邁進《まいしん》したい。

学校紹介

和洋女子大学（千葉県市川市）は１８９７（明治30）年、盛岡市出身の堀越千代が東京の麹町《こうじまち》区飯田町（現在の千代田区富士見）に開設した各種学校「和洋裁縫女学院」が前身。その後、「和洋裁縫女学校」「和洋女子専門学校」と変遷し、１９４９年、新学制により「和洋女子大学」に移行する。

家政学部を中心にスタートした和洋女子大学は時代とともに学びの領域を広げ、２０１８年には看護学部を設置。より実学的な学びに取り組める総合大学として環境を整えた。現在は人文、国際、家政、看護の4学部と大学院で構成。多角的な視野と幅広い考え方を身につけるための多彩な教養科目と、学生が自分の目的に応じてカリキュラムを組み立てられる専門科目は、入門から高度で専門的な内容までを段階的に学べるように工夫され、社会で役立つ人材の育成に力を注ぐ。２０２１年5月1日時点の在学生は３０６９人、大学院生は27人。

大学を運営する和洋学園は、和洋国府台《こうのだい》女子中学校高等学校（千葉県市川市）と、和洋九段女子中学校高等学校（東京都千代田区）も運営する。

２０２０年、大学と同じ敷地内にある和洋国府台女子高校に高大接続７年制「和洋コース」を設置。高校３年間と大学４年間を一つにし、７年間で深い学びを得られる学習機会の創出に取り組んでいる。高校から大学の科目を履修し、大学入学後に履修単位として認定される。そのため、大学での学びに時間的余裕ができ、留学や社会貢献、インターンシップなどのプログラムに挑戦できる。

和洋女子大学の教育理念は、創設者堀越千代が唱えた「人間的・経済的に社会で自立できる女性の育成」。少人数制で学生と教員との距離が近く、親身で温かい学生に寄り添った教育が「和洋らしさ」ともいわれる。教養と専門性を身に付けるだけでなく、在学中にさまざまな資格を取得できるよう、ラーニングステーションや教職教育支援センター、各種の奨学金制度などを設け、学生を支援する。多くの学生は管理栄養士や幼稚園教諭、保育士、中学校・高校教諭、社会福祉士、１級衣料管理士など、各種資格や免許を取得。卒業生は金融や保険・証券、航空・旅行、アパレル、食品メーカー、教員、公務員など、各方面で活躍している。

美しく整備されたキャンパスで３千人余が学ぶ和洋女子大学＝千葉県市川市

「千代さん」と呼び伝える顕彰を

岩手県公立学校退職校長会会長　木村幸治

郷土の偉人を盛岡市民は、昔から「さん」付けで呼んで大切にしています。「佐渡《さど》さん」「原さん」「米内さん」の3人です。「佐渡さん」は戊辰《ぼしん》戦争で南部藩の正義を貫き敗戦の責任をとって切腹処刑された藩の首席家老楢山《ならやま》佐渡です。「原さん」は大正時代に第19代内閣総理大臣を務めた原敬《たかし》です。戊辰戦争殉難者五十年祭で「戊辰戦争は政見の異同のみ、誰か朝廷に弓ひく者あらんや」と祭文を奉読し屈辱を雪《そそ》ぎ宝積《ほうじゃく》の信条で国民生活や世界平和に尽くしました。「米内さん」は終戦時の海軍大将・海軍大臣米内光政です。終戦工作に命をかけて日本を破滅から救いました。この3人に共通していることは「正義」に命をかけて貫いたことです。盛岡市民はこのことを伝承と感覚で知っているので、自然に尊敬して「さん」付けで呼び誇りにしています。

堀越千代は上田組町の武士の四女として生まれ、9歳で明治維新になり、苦労をして上京し、18歳で堀越修一郎と結婚しました。修一郎には先妻の残した赤子（千秋）がありました。千代は妻として、母として、一人っ子の千秋を育てながら子の成長と共に女性として成長し「自立の気概」をつかみました。夫修一郎の先進的考えに支えられながら困難をバネにしました。

千代37歳、千秋20歳の明治30年に前進への好機が訪れました。日露戦争直前で産業革命が浸透し中産階層が大きく飛躍し、女子教育の重要性が注目され、上流階層や軍人・官僚等が洋風に流れている絶妙のタイミングの良さでした。千代はこの年に麹町《こうじまち》区飯田町の自宅に和洋裁縫女学院を開設し、生徒30人の学び舎を創設しました。明治30年9月27日（和洋女子大学創立記念日）。千代の裁縫学校に賭けるキーワードは和服中心の明治・大正時代ながら、将来的には洋服の時代が来るという先見の明の確信とセンスです。女性が自立して生きるには自身の支えになり、社会に通じる技術を持つことと教えることです。その要になったのは新式のフランス式洋服裁縫の技術を生き抜く力にすることであり教員養成でした。

この確信と熱意が実り学校は発展・充実し、明治42年には文部大臣認定学校になり、明治45年3月には高等教員養成科卒業生には無試験で裁縫科中等教員免許状授与ができるようになりました。卒業生は全国で活躍し教育に大きく貢献しました。

堀越千代は盛岡人として岩手県として艱難《かんなん》辛苦を乗り越え「女性の自立・自営」を信念に、女子教育の発展に大きく寄与しました。この業績は大きな貢献であり誇りです。郷土の偉人として「千代さん」「千代先生」と呼称しながら末永く語り伝えたいです。

堀越千代　論説講話

―同窓会誌「むら竹」より―

和洋女子大学の歴史を今に伝える同窓会誌「むら竹」。大学の創設者で校長の堀越千代は１９１６（大正５）年発行の第1号から約20年間、「論説講話」を寄せている。近代日本に向かって歩み始めた教え子たちへ、そして世の女性たちへ。千代の「教え」は時を超え、現代にも問い掛ける。あまり多くを語らなかった千代の「心」に触れられる講話の一部を原文のまま紹介する。

むら竹　第三号

大正八年四月十四日発行

婦人の常識的判断

亡くなられた校主は毎度常識という言葉を遣って、皆様を訓戒されました。で私も校主追善の意味にて、このたびのむら竹第三号に婦人の常識の上に立つ心の理解と、事務の処理と申す様の意味を少し述べてみたいのでございます。すでにご承知の通り常識とは、普通知識のことで、即ち特殊知識を欠く職業の知識より、引き去りたる、残余の知識を申すので、学者軍人勉め人農工商業、その執るところの業は各々異なってもその特殊の知識技能の外一般知識がなくてはなりません。雨は水蒸気が雲となり、雲が雨となって降り来たるとか火は燃料が空気中のあるものを作用して生ずるものなれば、空気なくては火は燃えない、というわけは、多少教育を受けるでなかったならば、知りがたい知識でございます。故に読書により、見聞により、経験により広く一般的の知識を円満に養っておいて、その常識の上に立って、世に処し、事に当たってゆきましたならば、誤りが少なかろうと考えます。それ故ここに常識の上に立つ処世法は心の理解と申し、また常識の上に立つ、事務の執り方を、事務の処理と申す言葉をつかっていささか述べてみましょう。

心の理解

婦人は概して、情熱的でございますから自然感情に触れやすく、常識的判断を失うことが往々ございます。従って猜疑とか、嫉妬とか言う感情にとらわれやすくついには人を怨んだり悪《にく》んだりすることがございます。何かのことからちょっとした感情に触れると、もう前後考えもなく、目先が見えなくなって、迷ったり、煩悶したり、自分で苦しむことが往々ございます。何事にも進退窮まった場合は、一歩だけの距離を置いて、冷静に常識をはたらかせて見たならば、種々の手段が講ぜられ、思い出されて、決断もつきやすく、解決も出来ましょう。世の中のことは大概は常識を以て、解決し得るものでございます。事に処して決断のつかないのは、全く少しの余裕もないまでに、迫った結果常識が圧せられて、働かなくなるからでございます。

また人の言葉や行いは取りようによっては善にも悪にも解釈されますが、すべてに邪念なく、悪意に解すると、万事に疑いが起こって、疑いの末は恨み憎むようになり、いたずらに無駄な頭脳を疲労させて、いつも不愉快でいるようになり、一生僻《ひが》んだ心持ちで終わる哀れな人になり果てます。自分が僻んだ根性で人を見て、いやな顔をして人に接しましたならば、自分で憤った顔は、憤って鏡に写るように人も心よからぬ顔で接します。よろしく一歩退いて冷静に考え常識に訴えて人の心を理解し、善意に解釈するように修養したいものでございます。

事務の処理

人と人との交わりに心の理解を必要と致すと同時に事務上にも頭脳を働かせて常識上から考えて事をしないとし損じることが多くございます。今日のごとく物価騰貴の非常な場合に処してはなおさら頭脳を働かせて事を処理しましたならば、幾分なりとも時間と費用とを経済することが出来ましょう。種々のし損じとか不経済とかは畢竟考えの足りない、頭をつかって、事の順序なり、成り行きなりを細かに考えないから起こることが多いようです。物品を紛失するとか壊すとか致しますのもちょっと頭をつかって考えてしないから起こるので、大切な道具の壊れたのは置き所が悪かったためのこともあり、また自分で敏捷に、しまっておかないで、乱暴な女中に任せた罪の時もございます。すべての事に常識によって考えて致します人は、聡明な人ということになります。

聡明とは、耳と眼のよく働く事ですがその耳と眼の主宰なるものは頭脳であってその鋭敏な頭脳から使われて眼と耳が敏捷に働く訳になります。聡明な人は言い換えれば利口な人、賢明な人と言うことになりますのもすべて常識が土台になっております。

名人気質

さてまた一つのことに当たるとき例えば皆様が裁縫をなさる場合には充分に念を入れて、全力を集中して仕上げ一意専念に凝るという習慣を養いたいものでございます。俗に言う名人気質という風の点は、各自に熱心という心から来るもので、幼少の時から、この習慣をつけて発達して行きましたならばその出来上がった一つ一つ相当な価値が供ったものが出来上がります。浅草の高等工業学校では、職人の釘の打ち方について研究をされたそうですが、正直な人の釘の打ち方と、邪念とまでは行かずとも、余念を以て、一心不乱でなしに釘を打った方とを、X光線で表しますと、それは判明したもので、一心不乱に打つ釘の木の目の割り方と、そうでなくただ乱雑に他のことを考えながらよそ見しながらした仕事の区別はX光線に照らされて、明らかに見えると申すことです。僅かな釘のようなものでもそれほどの相違があるとのお話を聞きましては皆様の裁縫その他の手芸の上に適切な心得とすべきことであろうと深く感じました、日本の名人気質と申すことは昔から、大変やかましく申したもので、左甚五郎の彫刻、三条小鍛治の刀、随分と力を込めたものだそうでございます。それらの遠い話よりも極く卑近な例には過ぎませんが、私の千葉の別荘の井戸を掘りますとき、いかほど掘っても好い水が出ません、掘って掘って掘り抜いて、幾度も井戸屋を絶望するのを、まだまだ根気よく掘らせてみましたら、それは美しい美しい清水が湧いて出ました、これらから考えますと、成功は熱心のたまものであると申すことが分かりましょう。畢竟不断は常識を働かして事に当たりまた一つの仕事は熱中するという習慣をつけて頂きたいのでございます。

むら竹　第四号　大正九年六月十日発行

個性の発揮

世界は改造されんとし生活は改善せられつつある大戦後の日本女子は、さしあたり研究し実行せねばならぬ事どもたくさんありますすみ中に、最も緊急な問題は、旧来の因襲に捕らわれた生活から脱して、個性を発揮し力強く生きてゆくということでありましょう。

即ち各自の性に適った業を修めて、その天稟の才能を発揮し、良き成績を得て少なくとも己一人は生活し得るだけの才能の持ち主であってそれに強い意志とがあったならば、力強く生きてゆくことが出来ましょう。科学に文学に美術工芸に音楽にないし労働にそれぞれ同性を発揮して、天与の才をのばし、何時にても自分の力にて生活を立てるまでに修行し置いて、さて家庭の人となってからは、数学者である人は我が店の指導者となり、医学を修めた人は小児及び家庭のある保護者となり、美術家文学者たらん人は、家庭における美の宣伝者となることが出来ましょう。まして技芸、働きなどは家庭に片時も欠けてはならぬ事どもであります。今日まで家を他所に学んだものをことごとく改めて、家庭に応用したならば秩序あり、方針ある家庭を作ることが出来ます。

まして我が校に学んだまた学びつつある校友諸姉は何の苦もなく重ねも帯も羽織も仕立てさっぱりとした身嗜みよい服装を家族にさせる事が出来ます。

また何種の改良服であっても子供の洋服であっても仕立屋の力を借らずに、用は便ずることと信じます、その経済はどの位でありましょう。各特得の長所を家庭に応用してまいりましたならば、各自幸福な家庭がつくられることでしょう。ただ定まった課程を終え資格をもらうだけを目的として学ぶのは、皮相の修行であって徹底した勉強の仕方ではありません。ちょっと針と一筋の糸とを以て衣服を縫いつつある婦人の力はひいて堅固な家庭を仕立て上げることが出来ましょう。

日本婦人通有の美性

数十年来の懸案である衣服の改良も今に解決されるときがまいるでしょう、何時になってもいかなる時代が来ても、日本婦人の通性たる小まめに働くという美点を失わぬようにありたい、諺に「一人口は食えぬが二人口は食える」と申してありますのは、日本婦人が小まめに働いて、独身男子の一人分には足らぬ費用で男女二人の生活を優に切り盛りをするその経済的手腕を表した言葉でございます。欧米諸国の結婚がことごとく準備されてからでないと成立しないのとは大分その趣を異にしておる日本女子の殊長が分かります。かく消極的経済の仕方は従来の日本婦人の最も得意とするところでございますから、今日のごとく思想界の混乱した過渡期に当たって若い娘達に日本婦人の通有の特徴を失わぬようにしたいと考えまして、教室内に落ちている針一本でも見逃して通る生徒諸姉にはいつも訓戒をしております。ただわずかな針一本、これを見逃して通る人と、拾って教師机の上に置いて通る人との差は将来どの位に違いが出来ますかは察せられます。かかることは日本女子通有の美性としていつまでも失わぬようにしたいのでございます。

流行物に対して個性の発揮

自分の衣服を製するにも流行に束縛されて自分の心一つに決しかねるほど心の定まらぬ人は力ある人とは申されますまい。欧米の婦人は各自に自分の特性特質を表すことに勉めて、人まねでなく真に自分を発揮し他人に強い印象を与えることに勉めるそうでございます。衿飾りでも頭のピンでも、自分に最も調和のよい物を選ぶのでありて、いたずらに人まねして不似合いなのは見にくいものですこれら服装に対する個情のあらわれと申しましょう。

人生は芸術でありたい

右のごとく些細なものにさえ個性は表れるのは、畢竟人格は各人様々に違うからでありまして、同じ型にことごとくを打ち込むことはできません、各人の顔形の異なるように各人に特殊の人格を供えておりますから、人の生活法もまた人各その特得な生活法を尊敬せねばなりません。その各自の個性の長を発揮した、生活ならば即ち「人生は芸術なり」といった西哲の言にも叶いましょう。各自の力を込めた各特質ある生活は即ち絢爛たる芸術であります。しかし芸術上の創作が単にその技巧によって価値を定められぬように人の生活の価値はただ外形によって上下すべきものではありません、芸術に最も尊ぶところは個性の現わであって、技巧は寧ろその末と申してもよろしかろうと思われます。我々の生活もそれと等しく、成功失敗富貴貧賤というものはそもそも末の問題で、最も重要なことは高潔な人格が自然に生活に反映された、底光りある生活たることでございましょう。正しい道において、己の信ずるところに従って、力強く己を発揮した生活であったならば、富にも位にも対立した生活と申してよろしかろうと考えます。

ただ物質上に成功する者を謳歌するに及びますまい。今日のように富の懸隔の甚だしいときに当たって生活の根底を定めて置きませんと若い人は迷いが生ずるかと考えます。

醇美なる同胞の愛

各自異なった生活を互いに尊敬し合って相援け、相救いあってまいりますことは何と楽しいことではありますまいか。私は次項に述べます九州旅行において、つくづく考えました。ただ独り旅であって不馴れな関西から九州かけての旅行である故少なからず不安に感じておりましたが、私の側にいる人ごとにそれは親切な人ばかりで、全く不案内な旅行にも案内者のついていたより以上によい効果を得ました。側にいる人ごとに親切に説明し案内してもらいまして神様の助けように感ずることも度々でございました。で旅館についてからも汽車のでも案外快愉な旅行であったことなど考えまして、最近やかましいデモクラシイなど騒がしい問題のように思いましたが、日本にはこのかすかに昔から優しい醇美なデモクラシイはあったので独り旅の私には貴とか賤とか貧とか富とかの階級のかきは全くないように感じまして、同胞の暖かみを深く味わうことが出来ました。外国輸入の思想も日本に入りては日本風に醇化されることでございましょう。終わりに臨みまして前途ある希望かがやく諸姉の健康を祈ります。

むら竹　第五号　大正十年六月二十日発行

文化生活に入る道程

時代の進歩に伴い文化生活に入るの道程としてだんだん思想界が変化し来たり、従来の女子の思いもよらぬほど現代の婦人は進歩してきております、教育の最高機関たる大学が女子にも開放されました、女子も男子と同等に大学の講義を聞きいかようにも深く研究が出来て、これから女博士も出ようという勢いですから、ちょっと電車の中で聞きます若い女学生方の話しぶりも昔のそれと違って、「救われる」とか、「救われない」とか、或いは「マンドリンはおやりになりませんか」、「出来ませんけれども自分で好きと言うだけでも幸福と思っております」とか、「ツルゲエニエフお読みになりましたか」、ダヌンチオ全集が出ましたのね、婦人参政権、相互扶助、赤色、灰色、白色、建設、破壊などの言葉をつかって、それはもう日本婦人も世界的になってまいりました、これらは誠に結構なことでありますが、ややもすると欧米の婦人界の皮相な観察を伝えられて、それにかぶれている傾きもございますが、如何に米国婦人でも活動写真の喜劇に出るような女、冒険を試みたり、大道演説をしたり、男装したりその他突飛なことを平気でする婦人はほんの上すべりの人たちで地道の婦人は決してそのものではなく家庭の堅実な主婦として真面目なものであると申すことを最近帰朝した方から聞きました。

読書する婦人が多くなった

日本婦人は読書しないといって憂いておったのが今の若い人たちはその裏をかいて読書することを好んで裁縫やその他の手芸を疎んずる風が見えます。全く読書しなかった婦人界が一躍して読者を多くして、家事を疎んずる傾向が近来著しくなって来たように思われます。それは欧米の婦人並みに美術、音楽、学術等に没頭して男子と並立してまいりますことは即ち、文化生活、言い換えれば人間が自覚して社会生活を営む上に当然のことでありますが、未だ家庭の組織、社会の組織が欧米ほど整っていないのに急にその片一方に走って衣食などのような実生活のことを疎んずるようではますます生活難を来すかとあやぶまれます。

天恵と分業

欧米の天地は天恵が豊でそして分業が進歩しておりますから、一枚のシャツを縫う代わりに他にいくらもそれに代わるべき働きがあり、また分業が進んでいるから家で縫うより安価な市価でシャツを買うことが出来ますが、我が日本はそれほどいまだ社会の組織が分業的に進歩しておらず、また天恵の薄い天地に多勢でおりますから、自分の身まわりのことまたは家内中のことはせめて主婦の手で捌《さば》いて行かねばならぬ中流以下の主婦が、実生活と遠ざかって浮薄なる刹那主義、軽佻なる享楽主義に傾いたり、或いは感情生活に触れないものは好まないという風に傾くのを憂うるのであります。

故ルーズベルト卿は、「文明人は家庭生活を楽しむ時間を持たなければならない、家庭は最高な最美な我が文明の産物である」、と言われております、その最高な最美な家庭において家長が一日の労を慰めんとする家庭にして物事が整わず、子供の着物は破れ、被る夜具は汚れておりましたならば、文明の産物と賛美することが出来ましょうか。外国婦人が電車の中でも、来客中でも手に編み物などを離さないで家事にいそしむ良風をゆかしく思うのであります。まして我が国の現状ではエプロン一枚拵《こしら》えても、足袋一足縫って市価の半価なることを思う時、如何に我々の家庭に裁縫の必要なるかを証するに、十分であると思います。この学校の生徒諸子の書いた作文に裁縫はたいそう嫌いであるという自白がよくございます、如何に嫌いでも女子にこればかりは逃れ目がありません、絶対に針を持たないということは出来ません、裁縫のよく出来る主婦の家族とよくしない主婦の家族とは一見して分かります、手まめに縫えないつまり縫うのを億劫がる主婦の家族は衿の汚れにも、袖のほころびにも靴下の破れにも見えております。

我々一生になすべきことは沢山ございます、殊に主婦の務めもだんだん進歩してまいります社会が進歩して、経済の組織が整ってまいりますと、人手で作るより機械で作る方は安価で、また個人で造るより大規模で製造する方が有利であるため、漸次発達して工場生産と大規模集中主義になるのでございますが、未だ日本は経済組織十分に出来ておりませんのに何もかも買って用い、人手に頼んでばかり縫うということが非常に不経済になります。

主婦が裁縫を嫌っては良人や子供に幸福な生活をせしめることが出来ましょうか、世界第一の富を作られたビクトリヤ女皇でさえ皇子皇女の靴下は御手づからつくろいなされたということを聞き、また前独逸廃帝は世界の帝王中最も服装の整ったお方であったということを聞く時、その背後の皇后の淑徳を忍ぶのでございます。

それで私は昔の婦人が一生を通じて糸を績《つむ》ぎ機《はた》を織り、味噌醤油まで製造したあれほどの労力と時間とをささげたその真心の十分の一をささげたら、現今の家庭に衣に食に整うことと思われます。ミシン一台を据えて置きましたならば、片手間にシャツもズボン下も、タッチングもエプロンも出来ます、その労力の点も時間の問題も昔のそれと比較になりません。

まず一家を整えることを主にしてそして婦人に時間の余裕をなるべく多くしたいのでございますから、改良に改良を加えなければなりません、まず衣服の地質から改良しなければ汚れやすくして切れやすい日本服は洗い張りと縫い直しに沢山の時間を費やしますから、なるべくセルなどの毛織物を用いて、巾に縫込などをなくして西洋の服地のように反物の制を廃して切れで買える者が便利でございます、毛織物は一春一秋着たあとはクリーニングをしておけば新しくなって少なくとも二三年は縫いかえずに済みます、価は高いようなので巾などに縫込まず尺で切って買いますと比較的安くなります。私が二十五年前昔のカッパを改良してアヅマコートを考案致しましたが改良もあんなに効果がございますと愉快なものでございます。

女子も早く洋服にしたい

今から三十年ほど前までは男子とても洋服を着る方はいたって少なく、洋服の仕立ては思いもよらなかったのでございましたが、私が（その当時三井といっておりました今の三越の前身）三井呉服店のフランス人について洋服の稽古致しました十年間その間にずんずん洋服の需要が多くなってただ今では事務服として日本服を着ている人がないまでになりました、独り婦人界は依然として日本服用いられ改良の声はもう長い間の懸案であって、いつになったらその衛生上、経済上、美術上、の理想的な改良服は出来ることが殆ど望みのない有様でございます、これは一足飛びに男子のように洋服にせなければならぬということになります。それが日本婦人には似合わないとの非難がございますが幼少の時から着なれたならばよく似合うことと思われます。

子供はすべて洋服にしたい

それで男女児すべて洋服にしたいと希望致します。

第一運動によく　第二経済で　第三可愛らしい

洋服を着せて学校にやり家に帰れば日本服に着換えさせ、また他所行として日本服の贅沢なものを拵えたりすると二重になって不経済ですから、子供のはうちも外も洋服で押し通すようにしたい学校ばかりでなく家にいる時も洋服で通し、他所行きも洋服を着せる、これからの主婦はこの位な自信がなくてはなりません、そうしますと幼い時から漸次馴れてまいりますとその女児たちが成長する次の時代は洋服がよく似合うようになりますから遠からず日本婦人服問題も解決されることと思います。

むら竹　第六号　大正十一年六月三十日発行

現代婦人の悩みより光明へ

今日ほど我々日本婦人にとって悩ましい苦しい行き詰った時代はありません、婦人が自覚しなかった時代なら、すべての繁雑な生活、伝統的にしなれて来た生活に安んじて心のもだえ苦しみを知らずに居られたのですが、今日のごとく世界的に目覚めて来ては、自分達のして居る何事も煩瑣なそしていたずらに労力と時間と物質とを供しておることを覚った時の、私どものもだえ苦しみはどれ位でしょう、我々は、国自体の社会組織風俗習慣から苦しめられてそれから逃れ出ようともがいてももがいてもそれはどうする事も出来ません、仮りに衣服を改良して洋服にしたところで、住宅がその衣服に適せぬからといって、住宅も改良し、すべての設備を改善するまでにはなかなか多くの困難が横たわっております。そのため、我々婦人は一日の中に読書修養の時間は与えられず、智識欲に芸術欲に燃えながら、また社会的活動の要求をも見ぬ振りしてずるずるべったりに、生活ただその衣食のことにのみ引きずられて、それ等の高等欲求の一部をも満たす事が出来ず、遂に無価値な女として一生を過して仕舞うということに思い及ぶ時、何ともいえぬ心の淋しさ悲しさを感ずるのであります、学校時代には大分延びる芽として種蒔かれてあった者が、親がかりの時は随分と欲しいままに読書もし趣味性も富んだものが一旦家庭の婦人となると毎日の生活だけで一日を追いつかわれていつのまにか平凡な人と成ってしまったことを覚った時の悔恨はどれほどでありましょう、悶え悶えて一生を過す不幸は実に現代過度期の日本婦人の不運であります、しからばいかにしてこのもだえから光明へ進むかと考えつめた時の解決は犠牲的に潔くそれ等の欲求を棄て少しにても着々と生活の改善進歩の度を進めるよりほか道の無いという事になります。

衣服は改良の域に着々と進んでまいります事が明瞭に見えます、それは都市の小学校の大部分は男女児とも洋服になりました、この児童達は大きく成っても必ず洋服を着るのは苦の無い事と思われます、小学校を洋服で卒え女学校をも洋服で卒へ遂に大人となって洋服を着るという順を追うのですから何等の不調和もありません、漸次的に着なれてまいりますから、それに又価格の安い夏服などは婦人達が着るようにつとめるのも衣服改良の速進を促す事になりますから段々と用いられるようにしたいのでがざいます、価格の高い冬服になりますと、一通り日本服を拵えておる上に、二重に費用をかけることが中流以下位の家庭にはむつかしい訳も有りますが、夏服ならば至って簡単に出来ますから、そこは楽なのです。兎角日本人の生活が二重生活をしております上に、物価の騰貴は依然として少しの曙光をも見ず、各国平和を高調しながら心は益々険悪になり自覚的憤慨に燃えつつある有様ですから、女子も各自に生活に要する衣食を充分に節約して虚栄の衣をことごとくぬぎ棄て赤裸々な自分という者を眺めて見なければなりません。

自分にはこの簡単な服装で沢山であった、台所にはかかる浪費をしておったと各自婦人が覚ったならば今日の物価調節はかくして待つべきで有ります、其ゆえ為政者も今日の物価調節はひとえに台所の婦人の手に待つといっておられます、それかあらぬか上中流の婦人には近頃大分ショール、靴下、子供服、ジャケット、帽子など自家に製する傾向になってまいりましたのは実によろこばしい事で有ります。

食物

食物の方にも徒労を沢山にしております、毎日ご飯を炊くために一時間を要します上にお菜の煮方の面倒な事これが幾種類か細かく刻んで一つ一つ味を異にして別々の皿に盛り分ける手数は一通りでなく、四五人の家族があると食卓へ乗り切れぬほどの数を作り、それに要する食器が細かく分れておりますその手間の取れる事、それを西洋の馬鈴薯の丸煮や鳥の丸焼きを各自に切って食べる簡単なのと比較致しますと大層な差があるのであります。いったい日本の食物は分量が多くて滋養分の乏しい物を大食しておりますため胃拡張をしていない人は少ないとの事であります、今少し徹底的に各主要食物のカロリーを計って、保健食料の分量を瞭然知りたいものでございます、京都の着倒れ、東京の食い倒れと申しますがただ今では、その着倒れと食い倒れとをしている訳で有りますから生活が不安定であるのは止むを得ない訳なのであります。

住宅にも種々の注文があります、目下住宅は世界各国の問題と成っておりますそうで英国では一間の住いをいかにして愉快で生活し得るようにするかという研究を頻りにしておると申します、独逸では一人一間以上使う事は出来ぬという法律で将軍の家でも貸し間をしておるとの事です。かかる時に当って日本ではだだっ広い邸宅を構え玄関縁側などの無用な所や紙の障子紙の襖破れやすい畳なですべてが不経済に破れ易くかつ燃え易く出来ております、その上これからの家の建築は衣服改良と相まって中年以下の人のため西洋間の設備が必要であります、子女がすでに洋服を着るようになってまいりましたから室も椅子と寝台でなくてはいけません、日本人が外国において目立つのは脚の短かい事と脚の彎曲している事でこれは日本の坐る習慣から来たる発育不完全なためでありります、そのスタイルがいかにも貧弱に見苦しく見えるのであります、中年以上の人は仕方ないとして児童若人のために衣服も居室も出来得る限り改善したいのであります。
これら欠陥の多い我々の生活を思う時、我々婦人は一日子供に乳をやり、食物を調べ衣服を縫ってただ衣食住のため汲々として努力致しましても整然なる愉快な家庭にする事が出来ず、良人は家庭の食物から離れ、娯楽のために離れ、居心地悪しくて離れ行くという有様、これは日本婦人のあまり複雑な生活から来る弊であります。

甲　何と数多い衣服の種類でしょう、何と汚れ易い痛み易い変色し易い布地でしょう私の宅は子供五人に夫婦で七人の家庭ですが、袷綿入羽織と冬の物一通りの洗い張り仕立直しがおよそ五十枚これが私の夏の仕事なのです、毎日料理と洗濯物とのあいまあいまに縫うのです、どうして読書などの時間が有りましょう。

乙　まああれほど芸術味の豊なそして新思想の読書家であった貴女がこの頃はすっかり世話女房におなりになりましたね。

甲　いえ私はその事で随分煩悶しておりますまったく私は私の生活に不平不満を抱いて毎日悶えもだえて例へば餓者が食を求めるように知識欲に飢えておりながらそれを獲る事が出来ず手も出ず足も出ずただずるずるとだらしない生活のために引きずられて自分の環境が暗黒に成って来ましたどうしたらよいのでしょう私も良人も共倒れなんです。

乙　それならば貴女はその知識欲芸術欲を棄ててまず日本の社会の奉仕なさいそのた

めに出来得るだけ一歩にでも日本の衣食住の改善を計って思い切って実行なさい、そして立派に過度期の日本婦人として犠牲に成りましょうお互いに、自分というものを強く生かそうと思う事を止めて今のところ社会に奉仕し潔よく後進の婦人に待つことに致しましょう。

というような会話は現代婦人の声なのでありますどうか皆様も力ある改善を実行されん事を希望してやまないのでございます。

むら竹　第七号　大正十三年七月十七日発行

堀越高等女学校設立の起因

およそ一事を起こしますには必ず動機の存するものであります、まして学校を新設いたします如きはもとより偶然ではありません。大正十一年十月三十日学制頒布《はんぷ》五十年記念式典挙行せられますに当たり私は図らずも東京市教育会長後藤子爵閣下より左記の表彰を授かりました。

夙《つと》ニ本市ノ教育ニ従事シ鋭意尽瘁《じんすい》セラルルコト数十年其功績洵《まこと》ニ顕著ナリ茲ニ学制頒布五十年記念ヲ挙ゲルニ際シ表彰ス

思うに私は何ら事功の無きにかかわらず、その筋よりしてこの度を併せて四回の表彰を受けました私の面目光栄は物何かこれに過ぎないのであります。かかる表彰を戴きましたる私は粉骨砕身して斯道《しどう》のため国家に対しまして貢献の実を奏したいと存じまして、あれやこれやと苦慮いたしました結果高等女学校を設立したいと思いついたのであります。それは一つには私が経営しております和洋裁縫女学校高等師範科との連絡を保つ上におきまして、生徒に多大の便宜を与えます訳合いと、また一つには私の住居地たる中野町は逐年発達の機運に向かい人家稠密、人口繁殖するにもかかわらず、中等教育を施すべき機関がないのであります。そこで中野町に新設することに決しました。中野町は十数年前よりの私の住宅地で空気の清澄で塵環の地からここに帰りますと蘇生ったような心地がするくらい、それにいわゆる武蔵野の原が今は森となって朝夕の風の音、虫の音、蛙の声四季折々の自然の風物に富んでいる、かかる地において女子を教育してみたいと思いついたのでありますから、地形上、交通上、衛生上の諸点から考えまして拙宅より直径約二丁ほど隔ついた字仲通に地域千六百坪余りを借り受けまして校舎経営の設計に取りかかったのであります。粗々《ほぼ》その設備の整いましたので、私立高等女学校令の規定に基づき設立願いを文部大臣に提出いたしましたところ、その筋よりしばしば実地の検査もありまして、場所設備上に何ら支障なく、三月十三日御認可を受けました次第であります。続いて校舎の新築も竣工しますし、職員の配置は勿論、機械器具等の設備もだいたい完成しましたにつきまして、四月十六日の吉日をトしましてめでたく開校の式典を挙げた次第であります。

以上の如く急遽の開校でありまして、各方面への広告通知も行き届きかねます点よりして、本初年度の入学生はいかがあらんと心痛しておりましたが、実に予想外の入学者を迎えますようなことで、ただ今にては百五十名にも達しております。日々絃誦の声は四隣に響きまして、朝な夕な四方令嬢方が袂を連ね、三々五々校門を出入りいたしまするを見受けましていかばかりか嬉しく、且つ愉快を感じます次第であります。

満鮮旅行

我が和洋裁縫女学校が年を追うて盛んになり、同窓生が海外にまで広まっていく有様を見て、最も我が校の特徴を発揮すべき洋服の研究、これは一日怠っておれば、一歩遅れるという目まぐるしいほどの進歩と変化とをきたしつつあるから、一度洋行をしてみたいとは年来の宿望であった。けれどもそれからそれと用事が多くてとてもそう手軽く望みは達せられそうにも思われないので、先ず夏休みを利用して近いところの西洋町を見学してきたい、それには青島の忠の海の海水浴場を見に行くに限る、西洋婦人が思い思いの服装をして自動車などで集まってくるということだから、そして満州朝鮮と、おもな所々を見学したいと思い立ったのが、去年即ち大正十一年の八月初旬であった同行三人、須澤、吉田の両教師を連れて。

旅は道連れ世はなさけ

夏の講習会を八月の六日に切り上げて、同八日の夕方東京駅を出発した。毎日都の暑さと忙しさと疲れ切った身体が文子夫妻をつれて汽車中の人となると、窓から涼しい風が吹いてきて都の燈火がちらちらと後に後に消えてゆく頃は蘇生返ったような気がした。寝台車に寝込んだままもう自分の身体は一夜を隔てて遠く運ばれて今朝は大阪に来ていた。翌日は一日宿屋で休んで、十日の朝神戸に着きここから船で下関に行く、道中宇品沖で一泊し遊覧船で宮島見物にいった、宇品の港といえば日清日露の両役に、我が軍隊が輸送され、倅千秋がここから出発したことを思い出してそぞろに悲壮な哀愁をそそられた。宮島で文子夫妻に別れ門司に着いたのが十二日、須澤、吉田両氏に落ち合い午後二時いよいよ嘉義丸で青島指して出帆した。朝鮮海峡と黄海とを横断して行く船は揺れに揺れた。数日前暴風の余波が未だ収まっていないというので大概の人は船酔いした、初めに物珍しいというようなふうで三人とも元気であったが、急に心地が悪しくなって果ては寝台をデッキの上に持ち出したりして寝たとき三井物産会社員西澤氏の厚き介抱を受けたことはこの旅行中最も忘れ難いことの一つとしていつまでも新しい記憶がよみがえって来る、まだ年若い紳士で神戸直行の汽車で知り合いになった世界各地を広く渡った、つまり交際に狎れたと見るよりも同氏は善良な人間味の豊かな人と評したら適切であろう、この船に乗ると広い世界を相手にしているような外国人も多く見えたが皆交際に馴れた人なつかしい顔の持ち主であった。殊に我が西澤氏に至っては船酔いに苦しむ私にとっては親身の親子の情、叔母甥の情のようにその手数も面倒も気にも留めていられぬ無我夢中の苦しみの中に一つ一つ克明に胸にほりつけられてゆくほどの親切さであった心地漸く恢復した。五日目の朝船は膠州湾《こうしゅう》に入るという。と見ると青々たる連山を背景にして赭瓦《しゃが》彩壁の美わしい市街が蜃気楼のように向こうに現れた。ああ美しい色彩だと目を見張ると、これこそ青島を象徴する純独逸式建築の市街であって、一家ごとにその建築法を異にしてあるという凝りに凝ったものであるとある人が説明しておった。神尾山、万年山などの諸山一連脈になって屏障を作っている。一体青島は我が麹町区ほどの面積で元は荒涼たる一漁村であったのを独逸が租借した十有七年拮据《きっきょ》経営の功を積んで今日の盛大をなしたので、我が日本人が約三万と二万余の支那人と五六百の欧米人とがいる。

同窓生の集まり

行李を中央ホテルに下ろし、その夜市街見物に行った。アスファルト道、人造石道などあって人道と車道との区画に街樹を並植して清潔且つ美しく心地よきこともとより東京の比ではない。澄んだ碧い空に弦月がかかって涼風袖を払い、電灯に輝く家屋の色彩、路上には我が同胞、支那人、欧米人と入りみだれて涼を追うよう海一つ隔てたこの方にはこの別世界があったかと今更驚いた。一行の渡来したことが十五日の朝刊に記載せられると同窓生が代わり代わりおとずれて見物の案内をするのであった。

会姓岬は日独戦のとき我が軍の初めて上陸した所、ここの砲台は膠州湾を扼せる要害の地、標の高さ百五十八米《メートル》突堅固な砲台であったその中に入って独人の居住せる室など見る、その麓に旭公園というのがあって園内に多くの桜樹が植えてあった。それは独人が我が国から移植したもので毎春爛漫たる花時は全市の人が集まって花下に三絃の音さえ絶えぬとのことである。

納骨堂は旭公園内旭山の中腹にあって日独戦病死者一千余名の遺骨を奉蔵した七十八尺等の花崗岩の碑が建ててある。ここに三拝して同窓生十数名と碑前に記念撮影をした。

忠の海海水浴場

万年山の南面海に接する中腹には数寄を凝らした清洒な建物三々五々と聳えてその裾

の小湾を「忠の海」という。会姓岬遠く東北に突出して外洋を遮り昌々の碧波真白き砂まれに見るの勝地である。独逸時代に青島繁栄策の一つとして外人避暑客のため理想的海水浴場として設計したものとか、毎夏支那各地南洋方面から避暑する外人幾千を下らぬという盛況、軽快な涼しい出で立ちの外国婦人が自動車を駆って集まってくる白き膚、清楚な服、真白い砂青い波全く絵のようである。その海辺に立って種々の婦人服の研究に三部眼を働かしている。一方白美人達は容赦なく海水に活発に運動しておれど少しの日焼けも見せず、少しのよごれもなく、美しい夏の歓楽場である。砂上二丁の間に並び立つ幾多の脱衣小屋は各自鍵を使用し開閉している。尚その背後に「ストランドホテル」即ち海浜ホテルというのがあって魏然たる大建築、音楽堂、舞踏堂などすべて避暑旅館として万事間然するところがない。また毎年催される浴場開きは青島行事の一つに数えられてちょうど両国の川開きのようなものであるそうな。

青島神社及び鈴木糸廠

清浄なる若鶴山の西面山腹に青島神社を創祀せられたのが大正五年、今は白木造りの森厳な社殿に拝詣した続いて鈴木糸廠を訪うた規模大にして製糸職工二千人、支那人の男工多く白髪の老人までよく労苦に堪え勤勉である支那人はおしなべてわずかの労金を得て低き生活をなし力の強いことに驚いた。但し一年の製糸高その他のことは聞きもらした。

支那料理

この度の渡来を聞いた同窓生の人々から洋服の講習を申し込まれ、暑い日盛りに五六十人の熱心なる聴講者に向かい日本婦人会場にて講習をした、終わりに純支那料理の饗を受けた種々珍しいものの中で燕の巣、鱶の鰭等十数種あった。一体に支那料理は特徴のあるもので調理按排《あんばい》よく口に適《かな》うように出来ている。夏中ながら油を用いた料理が少しもいやみなくそのあいまあいまにタオルを熱したものを与えて顔や手を拭かせるのが心地よかった。支那の俗謡に「景色の良い蘇州に生まれ食物の贅沢な広東で暮らし棺桶の木の豊かな樟洲で死ね」というのがあると言ってこの席の広東料理を会員が自慢された、その他点々といって饅頭の如きもの、蓮子とて蓮の実の甘い汁だの、八実飯といって糯米《もちごめ》に棗《なつめ》など混ぜた飯があった。飲み物には老酒、黄酒、高粱酒などがある。

滄口

少しの時間を利用して山東鉄道に乗り、純支那式の町を見るため滄口部落に行く、屋根は蒲鉾形で、壁で三方を廻らし所々空気抜きようの穴がある、入り口の障子を開けると流石《さすが》文字の国の名に負う麗しい文字もて屋号の如きものを書いてあるここに来て始めて昔の支那の俤《おもかげ》が浮かび出た、網引きを見ては溌剌たる青魚は日本のそれと変わらぬ鯖、かれい、小鯛。

その夜

その夜何々亭というような大きな洋食店に入り晩餐を誂《あつら》えた。食堂には音楽隊があり中央にはダンスが出来るようになって客は各自気が向けば中央に出てて踊っているなど物珍しい見物であった。その他偕交社様の所にもダンスを見に行ったがそれは主に洋服を研究するためであった。

司令官々邸

青島司令官々邸には同窓生松井中佐婦人の案内で見物した、すべて独逸式の建物は堅固なるに驚く、ここも三尺くらいのコンクリートの壁で至って頑丈に出来ている。厚い五色の色ガラスをはめ廊下の板は寄せ木細工のような美わしいものであった。一室ごとに装飾が異なって各室の時計、硯箱、床置、敷物など皆変化を見せてあるこれらは記念品として保存されている。

九水

青島の町を距てる東北六里自動車を駆って李村を過ぎ、李村河を渡り猪窩河畔に出ると山渓蹙《せま》って水が一曲する道が一折してここに九水の奇勝に引き入れられる、青島の景色が油絵とすればここ九水は我が墨絵のようなものである。労山系に属する一渓谷、潺《せん》緩《かん》たる渓流が九つ流れて両岸は峻峰重畳と削立している。奇景な所である。ここより楊樹台に登るに山籠とて丸き唐椅子を通し支那人二人にて舁き行く様奇態であった。ここには支那人の籠舁き多く来たってうるさく付きまとったが日本人の案内者あったため心丈夫に山頂さして揺られ登ったが山頂は霧深く夏なお寒い高山であった。

労山の話

労山には行かなかったが余り面白い伝説の地ゆえ聞いたままを記しておく。この山青島に入るもののまず仰望する峨々たる高山で古来神秘的に封ぜられている伝記に富む山である。或いは神仙住居とも言い、魔神の国とも称せられて呉王夫差がこの山に登り衆生済度の貴書を得たとも伝えられ、秦の始皇帝来巡してこの山に登り術士徐福をして海に入り不死の薬を蓬萊方丈山に求めさせた。徐福は童男童女二千人を将《ひき》いて労山の連峰徐山に会し海に赴いたなど言い伝えられている。これらは泰山に亜《つ》ぐ山東の名山である、その奇趣をなせるところに山巓《さんてん》を繞《めぐ》る谷間で大石怪岩相恃《じ》して飛ばんとして飛ばず、落ちんとして落ちざる様他に比ぶべきものがないとの話であった。

右青島見物に要したる日数十一日間で二十四日には同窓会を開き一同をふるまい記念撮影をして大連に向かった。

大連市

八月二十六日朝大連に着いた、市はだいたいにおいて東京に似ている。極東唯一の自由港であって我が満鉄会社が経営せる範囲は各方面に渡りホテル、病院、学校などなかなか大仕掛けなものである。満鉄会社のルネサンス式に出来たヤカトホテルは完備したものと聞いたが和洋両様の設備ある遼東ホテルに宿を取った。名所としては表忠碑、電気遊園、星が浦などがあり埠頭には大豆、豆粕の集散に目を驚かし、アカシヤの樹に赤い日の照りつけるのがひとしおの暑さであったが何分時日に限りがあってここを見学する余裕を持たなかった一行は翌日汽車で旅順に向かった。

旅順

旅順停車場から二百三高地に向かう途中博物館に立ち寄りミイラ観、直ちに二〇三高地の戦跡を見んとて足袋跣《はだし》にて登るに全山赤土の山で草木なく周囲には赤錆びた鉄条網などが残ってものすごい、我が軍の悪戦苦闘の様が思いやられる。この戦で露軍は約六千日本軍約八千の死傷者を出したというのでもこの山の価値のほどが思われる、山上に「爾霊山」の大碑があって乃木将軍の書を刻してある、「爾霊山険豈攀《よ》じ難からんや男子功名克難を期す、鉄血山を覆て山形改まる、万人斉しく仰ぐ爾霊山」という将軍の悲壮な詩もある。

武夫《もののふ》のかばねの山を成せしとう異霊の山はふむに尊し

弾丸の破片の赤錆びたるも、遺骨の片も一つ一つ貴きものの記念として行く。

たまのかけ遺骨のかけも尊しと美しき絹に包みてかえる

向こうに見ゆる高崎山継嗣千秋の激戦の地で遥かにそのかみを追想して感慨無量であった実戦の様は本人の筆によりて左に記す。

むら竹　第八号　大正十五年三月十七日発行

講話

大正も十五年を迎えました、定めし皆様も年々歳々変化と進歩との道程をあゆみつつ一歩振り返っては驚き一歩進めては喜び、忍耐と努力、誠実と勤勉とをもって一貫しておられることと喜んでおります。

殊にあの大震災を一劃期として著しくすべてが変化し進歩いたしましたがこの学校を創立しました三十年前の世と比較いたしますと実に隔世の感が致します。

すべて生活の様式が進歩発達して行く今日最も目立って変化いたしましたのは何と申しましても衣食住三つの中、衣服でございましょう、男女児服は申すまでもなく、洋装のご婦人が追日多くなりつつあることでございまして、私が三十年前この学校を創立いたしましたときの抱負が今日実現されたようで誠に内心喜びに堪えません。

私がこの学校（明治三十年創立）を始めます前和服の秘訣を極めたいと思うとともに

洋服即ち男女児から延《ひ》いて婦人服を一般に普及したいとの希望を抱き如何なるところで修行いたしたかと申すことを静かに今更ながら考えさせられます。

ちょうど明治二十五年頃神田区淡路町に井上啓二郎と申す方の洋服裁縫学校がございました、これが洋服裁縫学校のはじまりかと存じます、私はここで三年修行いたしましたが、間もなくこれが廃校となりましたのでこの度は今の三越の前身三井呉服店の裁縫師フランス人、ホフマン女史に就いて三年間研究し、その後は同店に在って約十カ年専門に練習を積みました、その間に畏くも時の皇后宮照憲皇太后の御服も多く三井に御下命になりましたから、かしこみつつ御仕立て申し上げました、上はブラウス御裳の御引きずり三ヤードもある御召ども今考えてみましても気高き極みでございました。

それから明治三十年麹町富士見小学校前の住宅を兼校舎として和洋服裁縫の私塾を開きましたが、初めは三十人くらいの生徒さんが二年目には六十人三年目には百五十人と申すような殖え方で縁側にむしろを敷いてもなお溢れるようになりましたから遂にこの九段中坂上の地を相しておよそ百五十坪ばかり借り受け二階建ての校舎にしたのが、今の講堂のところ当たりの建物でございまして、中に三坪にも足らぬ中庭を拵え、ひとむら竹を故の校主が植え込まれたのが、即ちこの雑誌の名の主なのでございます。

にぎり植えしひとむら竹のちもとまで世に栄ゆるをうれしとぞ見る

ほんの百五十坪の校舎、それがまた不思議にも年々歳々生徒達の数が増しまして明治三十七八年あの日露戦役前後には早や八九百名を収容せなければならなくなり二階は三階に増築しその後逐年増築の斧の音絶え間なく皆様の御協力を得て第二の分校も出来現在生徒数千五百人を数えております。

かくの如き有様で、皆様が新時代における御期待にそむかぬように私共の責任はますます重きを加えるのでございますから新なる欧米のスタイルは常に研究されつつあります、そのためその道の達人「ジー、シュルツ」（独逸人）と申す方を顧問教師にしておりますます巻頭の写真花嫁の婚礼服の洋装の方はこの教師の手になったのでございます。

申すまでもないことですが和服の研究も勿論洋服のスタイルの流行変化は殊に目まぐるしいまでのものでございますから同窓の方々にも学校でお習いになったものを基礎として御研究を怠らぬように、そして歴史ある本校を御助力くださるようにお願い致します。

むら竹　創立三十周年記念号

昭和二年五月二十日発行

記念日のご挨拶

本日は本校創立三十周年記念日に当たりますので、ここにこの盛んな記念式を挙行致すことになりました。顧みれば、三十年という年月はかなり長い年月でありますが、本校の現在から過去を追憶致しますと、様々な思い出があたかも走馬燈のように心頭に往来いたすのでございます。

飯田町二丁目にささやかな一民家を借り入れて和洋裁縫女学院を設けましたのが、即ち今日から三十年前明治三十一年二月であったのであります。この最初の生徒数は僅かに五六名であって、現在の如き千五百名の多数を収容する盛大な学校にまで発展しようとは思いもかけないことでありました。

かくて継続してまいります間に、生徒数も日に月に増加して参りまして、創立一カ年の後には先ず学校という体裁をなすようになり、三十四年九月二十七日には私立学校令によって、私立和洋裁縫女学校設立の認可を受けたのでございます。このころになりますと生徒数は急激に増加し、在来の校舎では立錐の余地もなくなりましたので、三十五年五月現在の飯田町三丁目十五番地の地に新たに二階建て校舎を建築して移転いたしました。創立以来ここまで参りますまでは一方ならぬ苦心をいたしたのでございますが、それだけこの校舎が出来上がりました時の私の悦びと安心とは一通りではなかったのでありますす。しかしその安心と申しますのは、単に校舎についての安心で、更にこの学校を発展させて社会において有数なものにし、一層有為な卒業生を出して、及ばずながら社会に貢献いたしたいとの新たなる希望のもとに奮闘しようと決心いたしたのでございます。この奮闘の次第に報いられたものか、四十二年九月には文部省から裁縫教員養成科（現在の高等師範科）の卒業生に対し、裁縫科中等教員検定試験を受ける資格をあたえられることになったのであります。この時にも生徒の方々は勿論、私としてもこの学校の価値が始めて認められたことに対して、衷心から悦ばずにいられなかったとともに、ますます努力しなければならないとの決心を一層強固にさせられたのでございました。

初め二階建ての校舎を新築いたしました際は、五百名の生徒を収容する予定であり、その当時の実際生徒数は二百名くらいでまずまず収容の余裕があると考えていたのでありましたが、この頃になりますとだんだん生徒が増加いたし、二階建ての校舎では狭隘を告げるようになり、ここに再び校舎について心配しなければならないようになったのであります。そこでいろいろ苦心考慮の結果、従来の二階建て校舎を三階とし、更に向かい側の飯田町二丁目二番地に三階建ての校舎を増築することにいたしまして、実現いたしましたのが明治四十四年のことでございました。かくの如く年とともに学校が発展して参りますことは、私にとり非常な悦びでございましたが、いつでもこれに伴って外形及び内容設備の充実を図らなければなりませんので、これには一方ならぬ苦心と忍耐とが要せられたのであります。

超えて明治四十五年三月になりまして高等教員養成科（現在の高等師範科）の卒業生に対し、文部省から無試験をもって裁縫科中等教員の免許状を下付せられることになったのであります。この事実は本校教育の実績が天下に認められたこととなりますので、この時の私の喜悦は未だかつて体験したことのないものであり、また当時高等教員養成科に在学せられた方々の非常な悦びでございました。この後社会の進運とともに本校の生徒数も増加に増加し、或は隣屋を借り入れて改築し、或は増築して、鋭意学校の発展に努力してまいりましたが、大正十年前後になりましては、ますます入学者が激増してまいりましてまたまた校舎の狭隘を告げるようになり、ここに万難を排して大正十二、十三の両年にわたり本校向かい側の地百八十六坪を購入して三階建て校舎を増築し、諸般の設備を完成いたしたのでございます。

なお時勢の要求に応じ社会の進歩に順《したが》い、一層の貢献をしようと存じまして、大正十三年十月から夜学部を設け大正十五年四月から中等科教員養成の目的を以て家政科を新設し、別に大正十二年から本校の姉妹校として、府下中野町に堀越高等女学校を開設いたしました。かくて現在に至っているのでございますが、この間に私にとって最も悲しき出来事は、校主堀越修一郎の大正七年に死去したことであります。校主が今日の発展をなす基礎を建設する上に、陰に陽に苦心せられたことは一通りならぬことでありました。私は学校が日に発展しつつある現状を見るにつけ、校主の霊に感謝の誠を捧げるのでございます。

以上は三十年のごく大体を申し上げたのでありますが、昨日は多年の功労によりて勲六等に叙すとの畏き御沙汰をこうむりましたことは、何とも恐懼に堪えないところでございます。私の心は感激に充ちているのであります。すでに老齢に達しておりますが命のあらん限り、ますます学校の改善発展に努力いたしまして奉公の誠をつくし、この忝《かたじけ》なき天恩の万一にも報い奉る覚悟であります。

また先生方及び卒業生の方々から、結構な記念品を頂戴いたしましたことは誠に感謝の至りにたえない次第であります。実際当校が今日の盛大を来したのも、一面これらの方々の御同情の御援助がなくては実現し得なかったことを痛切に感じているものでありますからこの御芳志に対しても、どこまでも学校の将来のために努力いたしまして、いやが上に卒業生の方々の背景としての実質ある立派な母校としたいものと決心いたしておるのであります。

なお昭和二年度におきましては、更に隣屋の長谷川写真館全部及び新校舎隣の民屋を借り入れて改築いたし、一層内容の充実を図る考えでございますから、この上とも十分な御奮励と母校の御援助を頂いて、ますます本校の隆盛と発展とを期したいのでございます。

むら竹　第十二号　昭和五年七月二十日発行

感ずるままに

○

今や緑の世界です。樹という樹草という草はおのがじしあらん限りの力を出して、枝を伸ばし葉を広げ、出来るだけ豊かに日光を浴びて自らの成長を図ろうと、渾身の努力をしています。かくて生気は澎湃《ほうはい》として天地に漲《みなぎ》っている感じが致します。この情景こそはまさに元気汪溢《おういつ》している青年壮年の人を想わせるのであります。皆様の伸びる時は今です。

○

私は毎日省線電車で通勤しています。さすがに大東京です。朝に夕に、電車という電車は、郊外より市内へ、市内より郊外へと通う人で一杯であります。時には立錐の余地すらないこともあります。乗客の中には老人もあれば、幼児を負うた母もある。吊革をつかむ余裕のない時でも、これら気の毒な人に席を譲るものは稀であります。親切を行うことは何とむつかしいことでしょう。しかし私共はこのむつかしいことを実行したいものです。電車の席には限りますまい。

○

蒸し暑い梅雨の空です。時々雨が降りそそいで来ます。人々はいやな天気だと申します。今年は、入梅になってから、しばらく雨が無かったので、田植えも出来ないところがあったという。農家から見ればこの雨は喜びの雨です、慈雨であります。人は皆立場によってその感想を異にするものです。各の立場に同情するとき、争いはないとおもいます。

○

土曜日でした。売りに来た花屋の籠の中から一茎の水蓮を購い、瓶に挿《はさ》んで学校の机上におきました。池の中に育ったものと見えて、茎も太く蕾も大きかったのです。花屋は「明後日は咲きますよ」と言って行きました。月曜日に登校して見ますと、紅色の大輪が見事に咲いていました。池の水を切りはなされて、なお瓶中美しく咲きこぼれているその姿には、美しいというよりも、寧ろ一種哀傷ないし悲壮の感を覚えさせられるのでした。如何なる境遇にあっても、自己の使命を立派に果たして行くところに涙ぐましいまでの貴さがあると想います。

むら竹　第十四号

昭和七年七月二十五日発行

私の喜び

　三月に愛知、大阪、兵庫、高知、京都、静岡の二府四県下に出張、六月には、専門学校第三学年の生徒を引率、参観旅行として、北海道および青森、秋田の二県に参りました。この両度の機会において、多数の卒業生の方々から真心からのご歓待とご配慮をいただきましたことを第一に感謝致します。

　学校も創立以来三十七年、一万に超える卒業生が、全国各地におられ、何処にお邪魔をしても、その方々にお会いすることの出来るのは、私の無上の喜びであり、しかも一家の主婦としてまた母としては、幸福な平和な家庭を形づくり、立派に子女を教養しておられる有様を拝見する時、社会人としては、その蘊蓄を傾けて熱心に活動し、華やかなる功績を挙げておられるのを目撃いたしますときに何とも言われざる喜悦の感に打たれるのであります。この両度の旅行に際し、お会いすることの出来た卒業生の方々は百数十名に上りますが、以上二つの中何れかの方面において、それぞれ成功しておられますことは誠に祝着に堪えないところであります。だんだん各府県にむら竹会支部が設けられる機運に向かっておりますが、皆様は出来るだけ速やかにその実現にご努力になり、協力互助の精神を発揮せられましたならば、その力は一層偉大なものとなるだろうと信ずるのであります。

皆様のご援助を願いましたが、学校改築事業も、本誌校報に記してありますように、木造案が鉄筋案に更まり、五階にはむら竹会館が建設せられることになりました。どうぞ竣成の暁には下町一円を俯瞰し、確かに九段台上に一偉観を呈することと存じます。かくて在校生卒業生の方々の喜びは想像するに余りあるは申すまでもなく、私としても今生の喜びとするところであります。どうぞこの際卒業生皆様の一層のご援助を願って止まないものであります。

むら竹　第十六号　昭和八年十二月三日発行

むら竹会支部と共済会について

この数年来全国各府県に続々とむら竹会支部が設置せられますことは誠に喜ばしいことでございます。和洋両校の卒業生即ちむら竹会会員は全国各府県にわたって多くは数百人、少なくも数十人の在住せられないところがないのであります。従って、これら同じ学窓に学ばれた方々が、それぞれその地方において一つの団結をなし、互いに助け合い、励まし合い、慰め合って、或いは就職に、或いは転任に、或いは不幸の際に、或いは喜びの時に互いに力となり、そこに美しい姉妹愛を発露せられますことは、私としてこの上もなき喜びでございます。かくてこれらの支部が母校むらたけ会を中心として、互いに連繋を取り、統制ある活動をいたしましたならば、むらたけ会という一万三千の団体が如何に偉大な力を発揮するかわかりません。これまでの経験から申しましても、支部が設置せられて、しかも支部会員がよく心を一にして活躍しておられる府県は日に月に発展をして行かれることを目撃しているのであります。どうぞ、まだ支部の設けられませんところは、一日も早く設置せられますよう、また仮に設けられてありますところは、支部会の際等に会員挙《こぞ》って出席せられ、協力の実を挙げ、以てその支部の発展を図られますよう切に切に希望いたします。

前に申しましたように、一万三千の全国むらたけ会員の結束を図り、統制ある活動をなして一大飛躍をなしますには、各地に支部をおき、本部を中心として統一を図る組織も必要でありますが、組織だけではまだ不十分で、そこには会員協同の事業を遂行し、大に協力の実を挙げて大同団結を結成しなければなりません。ここに生まれましたものがむら竹共済会であります。共済会は会員の相互の扶助並びにむらたけ会及び、母校の発展援助を目的としている誠に意義深き皆様の事業であります。四月以来活動の結果、会員の深き理解の下にこの十月三十日を以て入会者千名を突破し、いよいよ実際の仕事を開始いたすことになりましたことは誠に慶賀に堪えないことであります。未だ入会せられない方々はこの際進んで入会せられ、この事業をしていやが上にも発展せしめられますようお願いする次第であります。

むら竹　第十八号　昭和十一年二月三日発行

挨拶

学園累次の紛擾に関しましては皆様にたびたび一方ならざるご心配とご迷惑とをおかけいたしまして、誠に申し訳なきことと衷心よりお詫び申し上げます。今回文部省の非常なるご配慮によりまして万事円満に解決いたし、去る七月二十二日より授業を開始し、いよいよ学園の更正再建に向かって一路邁進することになった次第であります。私はかねて老齢のため責任ある地位より退きたいと考えておりましたので、今回の解決を機会として校長理事長の職を退き、今後は名誉校長として学校のためにお尽くしすることにいたしました。そして学園の定款を根本的に改正し、理事長、校長は中正の立場に在る人を充つることに改め、過般文部省のご推薦により元秋田県知事稗方弘毅先生を理事長並びに校長としてお迎いいたし、学園の人事、教育、財政等、すべて同先生の手に依り公正に執行していただくことになりました次第であります。卒業生皆様はなにとぞ新校長に対し満幅のご後援を賜り、学園の平和と隆昌に向かってご協力のほど只管《ひたすら》お願い申し上げます。

むら竹　第十九号　昭和十一年十一月一日発行

若き女性に寄す

　夏木立の繁みも深くなってまいりました。すくすくと延びゆく庭の草木を眺めておりますと、生命の力の偉大さと不可思議とを思わぬ訳にはまいりません。先達は専門の方々と共に富士五湖への旅を致しまして、あきることを知らない美しさに輝く山の姿、水の色木々の梢、さては足許の一本の草にも限りない懐かしさと思い出とを残して帰ってまいりました。しかし私の心に感ずることは、この天然自然のそれにも増して偉大な美しさと価値とを持つものは「人の心」であるということであります。

　人は一度鬼神の奴隷となりますときに、自然をも人の世をも修羅の巷と化しさりもしましょう。しかしそれは人がこの世に生まれ出た真の目的ではありません。私は今若き女性の皆様について考えたいのでありますが、皆さんは「平和の天使」「幸福の使者」であるべきであります。

どんな鬼神をも泣かしめ、荒くれ男の心をも砕き、感謝と喜びに溢れしめるものは清くやさしく、しかも雄々しき「女性の心」であります。

皆さんの若く美しい姿と形の上に、どうかどうか白百合のような清くけだかいそしてやさしい親切な心の持ち主となってください。皆さんのやさしい平和な心と行為とが、周囲の人々を真に幸福にし得るものであれかしと心から祈ります。

あのクリミヤ戦争の時に、心も荒れすさみ肉体の苦痛のために、ただ罵詈と呻吟のなかにあった傷病兵士たちも、ナイチンゲールのやさしい親切な心と手に接した時に、従順と自重心を取りもどし、静かに治療をも受け、苦痛に堪え忍ぶようになりました。夜ふけて女史が静かに燈火を持って病舎を巡視する後ろ姿を見送った時に、荒々しい兵士たちの眼には感謝の涙が輝き伏し拝む者さえありました。

「平和の天使」「幸福の使者」これは特に若き女性の持つ大きな使命であります。

あとがき

井戸を掘った人を大切にしたい。そんな和洋学園の皆さんの熱い思いから、本書籍「自営の心」は生まれた。

和洋女子大学創立１２５年を控えた２０２１年1月から計22回、岩手日報で連載した「自営の心　和洋女子大の祖　堀越千代」をまとめたのが本書。幼くして盛岡を離れた千代の軌跡はほぼ古里に残されていない。知るほどに、いかに偉大な先人だったかと想起するのだが、彼女の人物像にどこまで迫ることができたのか、自問を繰り返している。

千代につながる手掛かりを探し、当時の時代背景、教育事情を調べ、想像を膨らませながら執筆を進めた。頼りは大学の所蔵史料。女子教育すらままならない時代に、「女性の自立」をかなえようと才覚を発揮した千代。自分にとって「雲の上の存在」だった。

ところが、千代が書き残した一文で、その思いは一変した。

「婦人は概して、情熱的でございますから自然感情に触れやすく、常識的判断を失うことが往々ございます。（中略）何かのことからちょっとした感情に触れると、もう前後考えもなく、目先が見えなくなって、迷ったり、煩悶したり、自分で苦しむことが往々ございます。何事にも進退窮まった場合は、一歩だけの距離を置いて、冷静に常識をはたらかせて見たならば、種々の手段が講ぜられ、思い出されて、決断もつきやすく、解決も出来ましょう」

時代の先をしなやかに歩むイメージとは裏腹に、男性優先の当時の時代観に思い巡らすと、どれだけ人知れず悩み、もがいたのだろう。日々の自分と重なり、千代の存在がぐっと近くなった。悩みながらも前に進む。「女性活躍」と叫ばれる昨今、現代の女性たちにも希望を与え、生き抜くヒントを与える存在といえるのではないだろうか。

数少ない史料の中から、「忍耐」という力強い直筆の書に出会った。千代の人生、本質が、この書にあらわれているように感じる。いかにも岩手県人。逆境にもめげず、辛抱強さで乗り越えてきた心の支えは古里の名峰岩手山にあっただろうか。

今につながる日本女子教育を先導した堀越千代は郷土の誇りだ。その遺徳が古里で語り継がれ、全国に広がることを切望するとともに、本書がその一端になれればと願う。

執筆にあたって、お力添えをいただいた理事長の長坂健二郎様をはじめとする和洋学園の皆さん、むら竹会和洋女子大学同窓会会長の髙梨禮子様、岩手県支部長の菊池房江様、千代のひ孫で堀越学園理事長の堀越正道様、副理事長の堀越由美子様、岩手県公立学校退職校長会会長の木村幸治様に心より御礼を申し上げる。

２０２２年3月

岩手日報社　及川亜希子

主な参考文献

・「和洋裁縫教本」　全4巻、堀越千代子著、寶文館・東京寶文館、１９０５～１９１５年
・「むら竹」　全77号、和洋裁縫女学校校友会・むら竹会、１９１６～１９９８年
・「創立五十五周年記念誌　和洋学園」　和洋学園、１９５１年
・「和洋学園八十年史」　鈴木正彦編、和洋学園、１９７７年
・「和洋学園１１０周年記念誌」　和洋学園１１０周年記念誌編集委員会編、和洋学園、２００７年
・「和洋学園創立１１０周年記念　和やかに洋らけき　１１０年のあゆみ」　むら竹会、２００７年
・「千代の贈り物」　千代研究会編、むら竹会和洋女子大学同窓会、２０１５年
・「堀越学園四十周年小史」　堀越学園、１９６４年
・「創立六十周年記念誌　六十年のあゆみ」　堀越学園、１９８３年
・「創立七十周年記念誌　学園七十年のあゆみ」　堀越学園、１９９５年
・「穎才新誌　解説・総目次・索引」　不二出版、１９９３年
・「三島学園創立五十年史」　三島学園、１９５３年
・「朴沢学園の創始者　朴澤三代治伝」　伊達宗弘著、丸善プラネット、２０１６年
・「明治初期女児小学の研究―近代日本における女子教育の源流―」　高野俊著、大月書店、２００２年

・「淵澤能恵の生涯　海を越えた明治の女性」　村上淑子著、原書房、２００５年
・「ごもくめし」　大妻コタカ著、大妻学院、１９６１年
・「津田梅子　ひとりの名教師の軌跡」　亀田帛子著、双文社出版、２００５年
・「東京の女子教育」　東京都編、東京都、１９６１年
・「学制百年史」　文部省編、帝国地方行政学会、１９７２年
・「岩手近代教育史　第一巻　明治編」　岩手県教育委員会編、熊谷印刷、１９８１年
・「原敬日記をひもとく　本懐・宰相原敬」　木村幸治著、熊谷印刷、２００８年
・「壬生義士伝」　上下巻、浅田次郎著、文藝春秋、２０００年
・「もりおか物語　上田かいわい」　盛岡の歴史を語る会企画、熊谷印刷、１９７６年
・「図説盛岡四百年」　全3巻、吉田義昭・及川和哉編著　郷土文化研究会、１９８３〜１９９２年
・「図説教育の歴史」　横須賀薫監修、河出書房新社、２００８年
・「図説日本洋装百年史」　遠藤武・石山彰著、文化服装学院出版局、１９６２年
・「日本婦人洋装史　新装版」　中山千代著、吉川弘文館、１９８７年
・「後藤新平大全　正伝　後藤新平・別巻」　御厨貴編、藤原書店、２００７年
・「〈決定版〉正伝・後藤新平　７　東京市長時代　１９１９〜23年」　鶴見祐輔著、藤原書店、２００６年
・「新渡戸稲造事典」　佐藤全弘・藤井茂著、教文館、２０１３年
・「新渡戸稲造の信仰と理想」　佐藤全弘著、教文館、１９８５年
・「新渡戸稲造　１８６２—１９３３　我、太平洋の橋とならん」　草原克豪著、藤原書店、２０１２年
・「東京女子大学五十年史」　東京女子大学五十年史編纂委員会編、東京女子大学、１９６８年
・「婦人に勧めて」　新渡戸稲造著、東京社、１９１７年

筆者略歴

及川亜希子（おいかわ・あきこ）

お茶の水女子大学卒。1998年岩手日報社入社。編集局整理部、宮古支局、報道部などを経て2018年学芸部（現文化部）次長。2021年広告事業局企画推進部長、2022年編集局文化部長。1974年生まれ。岩手県北上市出身。

堀越千代　自営の心

日本女子教育の先駆者

発行日　　２０２２年5月2日　初版第１刷

発行者　　東根千万億

発行所　　株式会社岩手日報社
〒０２０−８６２２　岩手県盛岡市内丸３−７
電話０１９−６０１−４６４６
（コンテンツ事業部、平日９〜17時）

印刷・製本　凸版印刷株式会社

ＩＳＢＮ　９７８−４−８７２０１−４２９−７